의미심장 한자어

의미심장

意 味 深 長

권승호 지음

한자어

재미있게 이해되고 쉽게 암기되는
글자대로의 뜻풀이

애플북스

'계모'가 '나쁜 엄마'라는 뜻인 줄 알았다. 그런데 아니었다. '이을 계(繼)' '엄마 모(母)'였다. '이은 엄마'라는 뜻이었다. 친엄마가 돌보아 주지 못할 상황이기에 친엄마 역할을 대신해 주는 엄마가 계모였다. 왜 계모를 '나쁜 엄마'라는 뜻으로만 이해했을까? 왜 '이을 계(繼)'임을 생각하지 못했을까? 왜 계승(繼承), 후계자(後繼者), 계주(繼走), 중계(中繼)에서의 '계'와 같은 의미라는 사실을 몰랐던 걸까?

배금주의가 뭐냐고 물었다. '돈을 배반하다?' '금을 배신하다?' 하면서 고개를 갸우뚱했다. '절할 배(拜)'가 있다는 사실을 모르는 것 같았다. 세배(歲拜), 숭배(崇拜), 예배(禮拜), 참배(參拜), 삼보일배(三步一拜), 백배사죄(百拜謝罪) 등에서의 '배'도 몽땅 '절할 배(拜)'라 하니 고개를 끄덕였다. 즐거워했고 신기하게 여기며 눈을 말뚱거리며 더 알려 달라고 요구하였다.

지겨웠던 공부가 즐거운 공부로 변하기 시작한 건 단어의 뜻을 정확하게 알기 시작하면서부터였다. 단어의 뜻을 확실하게 알게 되니 문장의 의미가 확실하게 이해되었고, 의미의 정확한 이해는 암기를 쉽게 하도록 도와주었다. 지적 호기심이 생겼고 공부가 즐거운 일이 되었다. 길에서 만나는 간판이나 안내문의 한글을 한자로 바꾸고 의미를 헤아리다 보면 기쁨이 몰려왔다. '경품'은 무슨 뜻이지? '열차'의 '열'은 무슨 뜻일까? '안경'은 왜 '안경'이라 이름 붙였을까? '이비인후과'는?

음악을 들으면서 노랫말의 의미에 대해 생각하기 시작하였고, 뉴스에도 관심이 커지기 시작하였다. 단어의 정확한 뜻을 알기 위해 국어사전, 한자 사전을 펼치는 일은 행복이었다. 한자로 뜻을 이해하면 재미가 솟구쳤고 이해가 쉬웠으며 암기도 저절로 되었다. 부쩍 성장한 나를 발견할 수 있었다.

주변을 살피면 온통 언어다. TV도 언어고 신문도 언어며 스마트폰도 언어다. 길거리에서도 언어를 만나고 극장에서도 언어를 만난다. 무인도에서 혼자 생활할지라도 언어는 필요하고 중요하다. '택배'라는 단어가 처음 등장했던 때, 사람들은 그게 무엇인지 몰라 어리둥절했지만 나는 웃을 수 있었다. 배우지 않았고 들어 보지도 않았지만 확실하게 알 수 있었던 것은 한자 공부 덕분이었다. '택'이 '주택'이라고 할 때의 '집 택(宅)'이고, '배'가 '배달'

이라고 할 때의 '배달할 배(配)'일 것으로 추리해 낼 수 있었다. 알고 있던 한자를 활용하여 스스로 알아낼 수 있음은 나를 행복하게 만들었다. 한자 덕분에 '착불'은 '도착할 착(着)' '지불할 불(拂)'로 도착지에서 비용을 지불한다는 뜻이고, '선불'은 '먼저 선(先)'으로 보내는 사람이 먼저 지불한다는 뜻이라는 것도 단어를 보는 순간 알게 되었다.

국어사전을 보면서 안타까웠다. 글자 따로, 뜻풀이 따로였기에 암기해야만 했다. 재미없었고 곧바로 잊어버렸다. 글자 그대로 풀어 해석해야 한다고 생각했다. 글자 그대로 뜻을 풀이해야 정확하게 이해할 수 있고, 그래야 오래 기억할 수 있다고 생각했다. 한자로 바꾸어 알면 그 한자가 쓰인 또 다른 단어의 뜻도 쉽게 유추해 낼 수 있다고 생각했다. 이것이 이 책을 쓰게 된 이유다. 나의 부족함으로 잘못 이해하여 엉터리로 해석한 단어도 있을 것이다. 정확한 어원보다 쉽게 이해하고 암기하기를 바라는 마음으로 집필하였기 때문이라 이해하여 주면 고맙겠다. 물론 지적해 주신다면 기쁜 마음으로 개정판에 반영할 것이다.

조선 후기 실학자 홍대용은 〈여매헌서〉에서 '처음 공부할 때 의문을 품지 못하는 것은 사람들의 공통된 병통이다.'라고 말하였다. 이 말에서 답을 찾아야 한다.

노랫말에 나오는 단어의 의미, 뉴스에 나오는 단어의 의미, 길에서 만나는 단어의 의미, 드라마 대사의 의미에 대해 의문을 품어야 한다. 고민하고 사전을 찾다 보면 지식 쌓기가 쉬워지고 사고력은 쑥쑥 자라며 행복도 눈덩이처럼 커질 것이다. 교사나 부모, 선배의 역할은 지식 전달보다 의문 품도록 도와주는 일이라는 이야기를 전해 주고 싶다.

한자 사전을 '옥편'이라고도 한다. '구슬 옥(玉)' '책 편(篇)'이다. 구슬만큼 귀한 책이라는 뜻이다. 이 책을 읽은 사람 모두 '아하!'를 외치는 즐거움을 맛보면 좋겠다. 이 책에서 얻은 지식을 바탕 삼아 처음 만나게 되는 단어의 의미도 저절로 깨달아 알게 되는 기쁨을 만날 수 있게 된다면 참 좋겠다.

2026년 새봄을 맞이하면서
권승호

가 家

'가(家)'는 '집'이라는 의미로 많이 쓰인다. 장롱, 책상 등 집에서 쓰는 집기를 '기구 구(具)'를 써서 가구(家具)라 하고, 사람이 살기 위해 지은 집을 '집 옥(屋)'을 써서 가옥(家屋)이라 하며, 이익을 얻으려고 물건을 사고파는 집을 '장사할 상(商)'을 써서 상가(商家)라 한다.

'집안' '전문가'라는 의미로도 많이 쓰이는데, 가문(家門), 장가(丈家)가다, 가장(家長), 가족(家族)에서는 '집안'이라는 의미고, 작가(作家), 비평가(批評家), 자본가(資本家), 화가(畫家)에서는 '전문가'라는 의미이다.

가검물 可檢物

"보건소에서 가검물 검사에 나섰다."라고 하는데 '가검물'은 '가능할 가(可)' '검사할 검(檢)' '물질 물(物)'로 검사 대상으로 사용하기 가능한 물질이라는 뜻이다. 병균의 유무를 검사하기 위하여 거두는 물질이라는 의미이다. 비슷한 발음의 '가건물'은 '임시 가(假)' '세울 건(建)' '건물 물(物)'로 임시로 세운 건물이라는 뜻이다.

가공식품 加工食品

'가공식품'은 '더할 가(加)' '만들 공(工)'으로 인공을 더한 식품이라는 뜻이다. 농산물, 축산물, 수산물 등을 인공적으로 처리하여 만든 식품을 통틀어 이른다. '인공'은 '사람 인(人)' '만들 공(工)'으로 사람이 만든 것, 자연 그대로의 사물에 사람의 손길이나 힘을 가하여 바꾸어 놓은 것이다. '자연'은 '저절로 자(自)' '그러할 연(然)'

으로 저절로 그렇게 된 것이라는 뜻이다.

가관

可觀

"경치는 참으로 가관이었다."라고도 하고 "잘난 체하는 꼴은 정말 가관이더라."라고도 한다. '가히 가(可)' '볼 관(觀)'의 '가관'은 가히 볼만하다는 뜻인데, '매우 훌륭하여 꽤 볼만함'이라는 칭찬의 의미로도 쓰이고, '하는 짓이나 몰골 등이 꼴불견이고 아니꼽다'는 비웃음이나 놀림조의 의미로도 쓰이는 거다. "경치는 참으로 가관이었다."는 칭찬의 의미이고, "잘난 체하는 꼴은 정말 가관이더라."는 비웃음의 의미이다.

가금류

家禽類

닭, 오리, 거위와 같이 알이나 고기를 먹기 위하여 집에서 기르는 날개 있는 짐승을 '가금류'라고 한다. '집 가(家)' '날짐승 금(禽)' '무리 류(類)'로 집에서 기르는 날아다니는 짐승의 무리라는 뜻이다.

　"금수만도 못한 놈"이라 욕하기도 하는데 '날짐승 금(禽)' '길짐승 수(獸)'로 날짐승이나 길짐승만도 못한 더럽고 나쁜 사람이라는 뜻이다.

　매나 독수리와 같이 성질이 사납고 육식하는 날짐승을 '사나울 맹(猛)'을 써서 맹금(猛禽)이라 하고, 동물의 병을 고치는 의사를 수의사(獸醫師)라 하며, 길들지 않고 산이나 들에서 자연 그대로 자란 짐승을 '들 야(野)'를 써서 야수(野獸)라고 한다.

가독성 　　　　　　　　　　可讀性

인쇄물이 쉽게 읽힐 수 있는 성질을 '가독성'이라 하는데 '가능할 가(可)' '읽을 독(讀)' '성질 성(性)'으로 읽기 가능한 성질이라는 뜻이다. '가독성'은 활자체, 글자 간격, 행간(行間), 띄어쓰기에 따라 달라진다.

가량 　　　　　　　　　　　假量

수량을 대강 어림쳐서 나타내는 말, 확실하지 않고 얼마쯤, 어느 정도일 거라 짐작하는 말을 '가량'이라고 한다. '임시 가(假)' '헤아릴 량(量)'으로 임시로 헤아려 본다는 뜻이다.

가면 　　　　　　　　　　　假面

얼굴을 감추거나 다르게 꾸미기 위하여 종이나 헝겊 등으로 만들어 얼굴에 쓰는 물건을 '가면'이라 하는데 '거짓 가(假)' '얼굴 면(面)'으로 거짓 얼굴이라는 뜻이다. "그 사람의 친절한 얼굴은 사실 다 가면이었다."처럼 진짜 속마음을 감추고 거짓으로 나타내는 행위나 태도를 일컬을 때 많이 쓴다.

'가(假)'는 '거짓'이라는 의미로도 쓰이지만 '임시'라는 의미로도 쓰인다. 가명(假名), 가발(假髮), 가상(假像), 가식(假飾), 가분수(假分數)에서는 '거짓'이라는 의미이고 가칭(假稱), 가건물(假建物), 가계약(假契約), 가정(假定)에서는 '임시'라는 뜻이다.

가부장적 家父長的

가장(家長)이 가족(家族)에 대하여 절대적인 권력을 가지는 것을 '가부장적'이라 하는데 가부장처럼 생각하고 행동한다는 뜻이다. 가부장이 뭐냐고? '집안 가(家)' '아버지 부(父)' '어른 장(長)'으로 집안의 아버지나 어른이라는 뜻인데, 가족을 대표하는 남자 어른을 가리킨다.

옛날의 가부장은 강력한 권력으로 가족을 지배하고 통솔하였기에 '가부장적'이라는 말이 반민주적이고 맹목적인 복종을 요구한다는 의미로 쓰인다.

가석방 假釋放

교도소나 유치장에 수감되어 있는 사람의 신체 구속을 해제하여 풀어 주는 일을 '풀 석(釋)' '놓을 방(放)'을 써서 '석방'이라 한다. '임시 가(假)'가 덧붙여진 '가석방(假釋放)'은 임시로 풀어 주고 놓아준다는 뜻으로, 형벌의 집행 기간이 끝나지 않은 죄수를 일정한 조건 아래 임시로 풀어 주는 일이다.

가성비 價性比

가성비는 '값 가(價)' '성능 성(性)' '비율 비(比)'로 값과 성능의 비율이라는 뜻이다. '가격 대비 성능의 비율'의 줄임말이다. 어떤 품목이나 상품에 대하여 정해진 시장 가격에서 기대할 수 있는 성능이나 효율의 정도다.

'가성비가 좋다'는 돈, 시간, 노력은 적게 들이면서 얻는 것은 많을 때 사용하는 '경제적이다'와 비슷한 뜻이다.

가시거리 可視距離

눈으로 볼 수 있는 목표물까지의 수평 거리를 '가시거리'라 하는데 '가능할 가(可)' '볼 시(視)'로 보는 것이 가능한 거리라는 뜻이다. 눈으로 볼 수 있는 것을 '가시적(可視的)'이라 하고, 현상이나 상태가 실제로 드러나는 것을 '가시화(可視化)'라 하며, 눈으로 볼 수 있는 범위를 '가시권(可視圈)'이라 한다.

인간의 눈으로 확인할 수 있는 보통의 광선이나 빛을 '가시광선'이라 하는데 가시가 있어서 '가시광선'인 게 아니라 보는 것이 가능한 광선이기에 '가시광선(可視光線)'이다.

가전제품 家電製品

세탁기, 냉장고, 전기밥솥, 에어프라이어, 에어컨, 선풍기, 텔레비전, 컴퓨터 등을 '가전제품'이라 하는데 '집 가(家)' '전기 · 전자 전(電)'으로 집에서 사용하는 전기 기기와 전자 기기 제품을 일컫는다.

'전(電)'은 원래 '번개'라는 뜻이었는데, 전기가 들어오면서 '전기'라는 뜻이 덧붙여졌고, 전자 제품이 들어오면서 '전자'라는 뜻이 또 덧붙여졌다. 전(電)은 '번개' '전기' '전자'라는 뜻으로 쓰이고 있다.

가전체 假傳體

동물이나 식물, 또는 사물들을 의인화하여 일대기를 전기 형식으로 서술한 문학 양식을 가전체라 하는데 '거짓 가(假)' '전기문 전(傳)' '문체 체(體)'로 거짓 전기문의 문체라는 뜻이다. 동물이나 식물이나 사물을 거짓으로 사람인 척 꾸며서 전기문 형식으로 써 놓은 문학이다.

가화만사성 家和萬事成

'집 가(家)' '화목 화(和)' '모두 만(萬)' '일 사(事)' '이룰 성(成)'의 '가화만사성'은 집안이 화목하면 모든 일이 잘 이루어진다는 뜻이다. 대구(對句)를 이루는 말이 '자효쌍친락(子孝雙親樂)'인데 '자식이 효도하면 두 부모가 즐겁다'는 뜻이다.

각광 脚光

"전주(全州)가 관광 도시로 각광받고 있다.", "아무개 가수의 노래가 각광받고 있다."라고 하는데 '다리 각(脚)' '빛 광(光)'의 '각광'은 다리 아래쪽에서 비추는 빛이라는 뜻이다. 무대 앞쪽에서 출연자의 몸 전체를 비추어서 인물을 두드러지게 보여 주는 일을 일컫는다. 어떤 사물이나 사건이 사회적 관심이나 흥미를 끌게 되었을 때 사용하는 표현이다.

각서 覺書

의견이나 약속을 전달하거나 확인하거나 기억하기 위하여 적어 두는 문서, 어떤 일의 이행을 약속하는 뜻으로 상대에게 주는 문서, 국가 사이에서 교환되는 외교 문서를 '각서'라고 한다. '깨달을 각(覺)' '문서 서(書)'로 잊어버렸을 때 깨달을 수 있도록 만들어 놓은 문서라는 뜻이다.

각선미 脚線美

'각선미'를 몸매, 그러니까 '몸 전체의 모양새나 맵시'의 뜻으로 알고 있는 사람이 많은데 그렇지 않다. '다리 각(脚)' '선 선(線)' '이름다울 미(美)'로 다리 선의 아름다움이라는 뜻이다. 다리 윤곽을 나타내는 선에서 느껴지는 아름다움이 '각선미'인 것이다. 사람 몸의 아름다움을 육체미(肉體美)라 하고, 건강한 몸에 나타나는 아름다움을 건강미(健康美)라고 한다. 이 밖에도 형태에서 느껴지는 아름다움을 조형미(造形美)라고 한다.

간과 看過

어떤 문제나 현상 등을 대수롭지 않게 대강 보아 넘김을 '간과'라고 한다. '볼 간(看)' '지날 과(過)'로 보고 지나갔다는 뜻이다. 보긴 보았지만 중요하지 않다고 생각하여 지나쳤다는 이야기다.

　비슷한 것 같지만 비슷하지 않은 말에 '묵과'가 있는데 '말 없을 묵(黙)' '지날 과(過)'로 말없이 지나간다는 뜻이다. 잘못임을 알고도 모르는 척 그대로 넘어가는 일을 말한다. 중요한 것임을 몰라서 넘어가는 것은 간과(看過)고, 중요하다는 생각이 들었지만 모른 척 눈감아 주는 것은 묵과(黙過)라고 한다.

간담회 懇談會

친밀하고 진지하게 이야기하면서 서로의 의견을 나누는 모임을 간담회'라 하는데 '정성 간(懇)' '이야기할 담(談)' '모임 회(會)'로 정성스럽게 이야기하는 모임이라는 뜻이다.

간발 間髮

"간발의 차이로 금메달을 놓쳤다."라고 할 때의 '간발'은 '사이 간(間)' '머리털 발(髮)'로 머리털 사이라는 뜻이다. '아주 작은 차이' '아주 짧은 시간'을 나타낸다.

간선 도로 幹線道路

가장 중심이 되는 큰 도로를 간선 도로라 하는데 '뼈대 간(幹)' '줄 선(線)'으로 뼈대를 이루는 줄처럼 크고 중요한 도로라는 뜻이다. 간선 도로에서 뻗어 나간 작은 길을 '이면도로'라 하는데 '속 리(裏)' '표면 면(面)'으로 속에 들어 있는 표면(지역)이라는 뜻이다. 중앙선이 없고 차량의 진행 방향이 일정하게 정해져 있지 않은 도로를 가리킨다.

간식 間食

끼니와 끼니 사이에 먹는 간단한 음식을 '간식'이라 하는데 '사이 간(間)' '음식 식(食)'으로 식사와 식사 사이에 먹는 음식이라는 뜻이다.

간주곡 間奏曲

극이나 오페라의 막 사이에 연주되는 작은 규모의 악곡 또는, 노래의 각 절 사이에 끼는 짧은 연주를 '간주곡'이라 하는데 '사이 간(間)' '연주할 주(奏)' '노래 곡(曲)'으로 사이에 연주하는 노래라는 뜻이다.

간척지 干拓地

바다나 호수의 주위에 둑을 쌓고 그 안의 물을 빼내어 만든 땅을 '간척지'라 하는데 '막을 간(干)' '넓힐 척(拓)' '땅 지(地)'로 물을 막아서 넓힌 땅이라는 뜻이다.

아무도 손대지 않은 분야의 일을 처음 시작하여 새로운 길을 닦는 일을 '개척'이라 하는데 '열 개(開)' '넓힐 척(拓)'으로 열어서 넓힌다는 뜻이다.

간첩 間諜

국가나 단체의 비밀을 몰래 탐지하고 수집하여 대립 관계에 놓여 있는 국가나 단체에 제공하는 사람을 '간첩'이라 하는데 '사이 간(間)' '염탐할 첩(諜)'으로 사이를 오가면서 염탐하는 사람이라는 뜻이다.

갈등 葛藤

'갈등'은 '칡 갈(葛)' '등나무 등(藤)'을 쓴다. 칡이나 등나무처럼 얽혀서 풀기 어려운 상황이라는 뜻이다. '노사 갈등' '세대 갈등'처럼 개인이나 집단 사이에 목표나 이해관계가 달라 서로 적대시하거나 충돌한다는 의미로 많이 쓰이고, 자기 자신에게 상반되는 요구나 욕구가 있을 때 선택하지 못하고 괴로워한다는 뜻으로도 많이 쓰인다.

감기   感氣

코가 막히고 열이 나며 머리가 아픈, 바이러스로 인한 호흡기 계통의 병을 '감기'라 하는데 '느낄 감(感)' '기운 기(氣)'로 평소와 다른 기운을 느낀다는 뜻이다. 감기의 여러 증세를 치유하거나 완화하기 위해 먹는 약을 '감기약'이라 하는데 '감기 치료 약' '감기 완화 약'의 줄임말이다.

감미료   甘味料

설탕, 물엿, 과당(果糖), 포도당, 유당(乳糖), 사카린처럼 단맛을 내는 데 쓰는 재료를 '감미료'라 하는데 '달 감(甘)' '맛 미(味)' '재료 료(料)'로 단맛을 만드는 재료라는 뜻이다.

감수   甘受

'비난이나 손해를 '감수'하겠다'는 말을 듣곤 하는데 '달 감(甘)' '받을 수(受)'로 달게 받겠다는 뜻이다. 고통이나 책망이나 괴로움 등을 피하지 않고, 기분 나쁘게 생각하지도 않으며, 기쁜 마음으로 받아들인다는 뜻이다. '감내'는 다른 뜻이다. '견딜 감(堪)' '견딜 내(耐)'로 어려움을 참고 견디고 견디어 이겨 낸다는 뜻이기 때문이다.

갑부   甲富

부자 중의 부자를 '갑부'라 한다. '첫째갈 갑(甲)' '부자 부(富)'로 첫째가는 부자라는 뜻이다. '갑(甲)'이 '갑옷'이라는 의미로도 쓰이지만 십간(十干)인 '갑 을 병 정 무 기 경 신 임 계'의 첫 번째이기에 '첫째가다', '1등'이라는 의미로도 쓰인다. 근로의 대가로 받은 소득을 '갑종 근로 소득'이라 하고 갑종 근로 소득에 대하여 부과하는 세금을 '갑종 근로 소득세' 줄여서, '갑근세'라 한다. 최고의 근로 소득이라는 의미일까? 그렇지 않다. '갑부'에서의 '갑(甲)'은 '최고'라는 의미이지만, '갑근세'에서의 '갑'은 가, 나, 다, 라, 마에서의 '가'나 a, b, c, d, e에서의 'a'처럼 '처음' '1번'이라는 뜻이다. '갑, 을, 병, 정, 무, 기, 경, 신, 임, 계'의 십간(十干)에서 '갑(甲)'이 처음으로 나오기 때문에 '1번' '처음'이라는 의미로 사용된다고 이해하면 좋다.

평범한 사람들을 '갑남을녀(甲男乙女)'라 하는데 갑이라는 남자와 을이라는 여자, 1번 남자와 2번 여자, a남자와 b여자라는 뜻이다. '갑을 관계'에서는 다르다. '갑'은 유리한 지위에 있는 사람을 가리키고 '을'은 불리한 지위에 있는 사람을 가리키기 때문이다. 그렇기에 갑을 관계(甲乙關係)는 유리한 지위에 있는 사람과 불리한 지위에 있는 사람의 관계라고 이해해야 한다.

강수량   降水量

강수량은 '내릴 강(降)' '물 수(水)' '양 량(量)'으로 물이 내린 양이다. 비 내린 양은 '비 우(雨)'를 쓴 강우량(降雨量)이고 눈 내린 양은 '눈 설(雪)'을 쓴 강설량(降雪量)이다. 강우량과 강설량을 합하면 강수량이 된다.

개근상 皆勤賞

'개근'은 모두 개(皆) '근무할 근(勤)'으로 모든 날 근무(출석)했다는 뜻이다. '개근상'은 학교나 근무지 등에서 일정 기간 빠짐없이 출석하거나 출근한 사람을 격려하여 주는 상을 말한다.

'정근상'은 무슨 뜻이냐고? '정성스러울 정(精)'이다. 하루 이틀 빠지기는 했지만 정성스럽게 생활했기에 주는 상이 정근상(精勤賞)인 것이다.

개성 個性

한 개인이 가지는 고유한 취향이나 특성, 다른 사람과 구별되는 고유한 특성을 '개성'이라 하는데, 개인 개(個) '성품 성(性)'으로 개인만이 가지고 있는 특별한 성품이라는 뜻이다. 개별성(個別性), 개인성(個人性), 성격(性格)과 비슷한 말이다.

관련 어휘

#개별성(個別性):사물이나 사람 또는 어떤 상황이나 현상이 각각 따로 지니고 있는 특성.

#개인성(個人性):다른 사람이나 개체와 구별되는 고유의 특성.

#성격(性格):개인이 가지고 있는 고유의 성질이나 품성.

객관 客觀

자기 혼자만의 생각에서 벗어나 제삼자나 여러 사람의 처지에서 보고 생각하는 일을 '객관'이라 하는데, 손님(제3자) 객(客) '에 '볼 관(觀)'으로 손님(제3자)이 보는 관점이라는 의미이다. 자기만의 관점, 자기만의 치우친 생각은 '자기 주(主)'의 '주관'이다.

객실   客室

숙박업소에서 손님이 거처하는 방, 또는 열차나 배에서 손님이 머무르는 공간을 '객실'이라 하는데, '손님 객(客)' '방 실(室)'로 손님이 머무르는 방이라는 뜻이다. 교무실, 연구실, 행정실, 온실, 침실, 화장실에서의 '실'도 모두 '방 실(室)'이다.

　　손님을 접대하거나 가족들이 함께 모여 생활하는 넓은 공간인 '거실'에서 '거'는 무슨 뜻이냐고? '있을 거(居)'다. 사람들이 모여서 있는 공간이라는 뜻이다.

갱년기   更年期

장년기에서 노년기로 접어드는 시기를 '갱년기'라 하는데, '다시 갱(更)' '나이 년(年)' '시기 기(期)'로 다시 새로운 상황을 맞이하는 나이의 시기라는 뜻이다. 사람마다 차이가 있지만 일반적으로 40대 중반에서 50대 중반 사이의 신체 기능이 저하되는 때를 일컫는다.

거식증   拒食症

먹는 것을 거부하거나 두려워하는 병적 증상을 '거식증'이라 하는데, '거부할 거(拒)' '먹을 식(食)' '병 증세 증(症)'으로 먹는 일을 거부하는 병 증세라는 뜻이다. 신경성 식욕 부진증이라고도 한다.

　　'신경(神經)'이 무슨 뜻이냐고? 의학에서는 체내·외의 각종 변화를 중추에 전달하고, 중추로부터의 자극을 몸의 각 부분으로 전달하는 기관이지만 보통은 어떤 자극에 반응하는 마음이나 감각의 작용을 일컫는다. '신경성'은 정신적 요인으로 인한 마음이나 감각의 작용으로 이해하는 게 좋다.

건배   乾杯

함께 잔을 들어 술을 마시면서 축하하거나 행운을 비는 일을 '건배'라 하는데 '말릴 건(乾)' '잔 배(杯)'로 술잔을 말려 버린다는 뜻이다.

　술잔에 있는 술을 다 마셔 버린다는 의미로 이해하면 된다. 축하하는 뜻으로 마시는 술이라면 '건배'보다 '축하할 축(祝)'을 써서 '축배'라고 하는 게 좋을 것 같다.

건폐율   建蔽率

'대지'는 '터 대(垈)' '땅 지(地)'로 집터로서의 땅이라는 뜻이다. 건축물이 차지하는 밑바닥의 넓이를 '건평'이라 하는데 건물 건(建) '땅 넓이 평(坪)'으로 건물이 자리 잡은 땅의 넓이라는 뜻이다. '연건평'에서 '연'이 '이을 연(延)'이기에 연건평은 2층 이상 건물에서 각 층의 바닥 면적을 이은(합한) 넓이다.

　그렇다면 '건폐율'은 또 뭘까? '건물 건(建)' '가릴 폐(蔽)' '비율 률(率)'로 '건물이 차지한 비율'이라는 뜻이다. 대지 면적에 대한 건축물 면적의 비율인 것이다. '용적률'도 있는데 이것은 또 뭐냐고? '담을 용(容)' '쌓을 적(積)' '비율 률(率)'로 '담아서 쌓을 수 있는 면적의 비율'이라는 뜻이다. 대지 면적에 대한 연건평의 백분

율을 말한다. 건평과 건폐율은 1층만의 면적이지만, 연건평이나 용적률은 모든 층 면적을 다 합하여 계산한다. 건폐율은 80% 이하가 보통이지만 용적률은 1,000% 이상도 가능한 이유다.

　정부는 건폐율과 용적률을 정하여 규제하고 있는데, 왜일까? 건축물의 일조권(日照權)을 확보하고, 화재 발생 시, 소방이나 피난을 쉽게 하기 위함이다. '일조권'은 '태양 일(日)' '비출 조(照)' '권리 권(權)'으로 태양을 자기의 몸이나 집에 비출 수 있는 권리다.

검사　　　　　　　　　　　　檢事

'검사'는 '검사할 검(檢)' '사건 사(事)'로 죄가 있는지 없는지 사건을 검사하는 사람이라는 뜻이다. 범죄를 수사하고 공소를 제기하며 재판을 집행하는 사법관이다. '판사'는 '판가름할 판(判)' '사건 사(事)'로 사건에 대한 잘잘못을 판가름하는 사람이다.

　'조사할 사(査)'를 쓴 '검사(檢査)'도 있는데, 사실이나 일의 상태 또는 물질의 구성 성분 등을 조사하여 옳고 그름과 낫고 못함을 판단하는 일이다.

검정고시　　　　　　　　　　檢定考試

'검정'은 '검사할 검(檢)' '인정할 정(定)'으로 검사하여 인정해 준다는 뜻이다. 그리고 '고시'는 '시험할 고(考)' '시험할 시(試)'로 시험하는 일인데, 시험은 지식, 재능, 실력을 알아보고 평가하는 일이다. 그러므로 검정고시는 어떤 자격에 필요한 지식이나 학력, 기술이 있는지 없는지를 검사하여 인정해 주기 위해 실시하는 시험인 것이다.

'나라 국(國)' '정할 정(定)'을 쓴 '국정 교과서'는 나라가 만들어서 사용하도록 정해 준 교과서이고 '검정 교과서'는 교과서로 적합한지 아니한지를 검사한 결과 적합하다고 인정받은 교과서다.

격물치지　　　　　　　　　　格物致知

'격물'은 '연구할 격(格)' '사물 물(物)'로 사물의 이치를 깊이 연구하는 일이다. '치지'는 '도달할 치(致)' '알 지(知)'로 앎에 도달한다는 뜻이다. 사물의 이치를 연구하여 끝까지 따지고 파고들면 사물의 도리를 깨닫고 앎에 이르게 된다는 이야기다.

견과류　　　　　　　　　　　堅果類

단단한 껍데기 안에 한 개의 씨가 들어 있는 나무 열매를 견과류라 하는데 '딘딘할 건(堅)' '과일 과(果)' '종류 류(類)'로 단단한 껍질로 둘러싸인 과일의 종류라는 뜻이다.

견본　　　　　　　　　　　　見本

전체 상품의 품질이나 상태 등을 알아볼 수 있도록 본보기로 보여 주는 물건을 '견본'이라 하는데, '볼 견(見)' '본보기 본(本)'으로 본보기로 보여 주기 위해 만든 물건이라는 뜻이다.

견우　　　　　　　　　　　　牽牛

견우는 '끌 견(牽)' '소 우(牛)'로 소를 끄는 사람이다. 직녀는 '베 짤

직(織)' '여자 녀(女)'로 베 짜는 여자다. 놀기만 하는 사람이기에 '놀부'고 나중에 흥하게 되기 때문에 '일어날 흥(興)'의 흥부다.

〈선생 김봉두〉라는 영화가 있었다. '김'은 '돈 금(金)'이고 '봉두'는 봉투라는 뜻이었다. 주인공은 돈봉투 즉, 촌지 받기를 좋아했던 교사였다.

견제   牽制

일정한 작용을 가함으로써 상대편이 지나치게 세력을 펴거나 자유롭게 행동하지 못하도록 억누르는 일을 '견제'라 하는데 '끌 견(牽)' '통제할 제(制)'로 끌고 다니면서 통제한다는 뜻이다.

야구에서는 투수 또는 포수가 주자를 끌고 통제하기 위해 공을 던질 듯하면서 위협하는 행동을 일컫는다.

견지   堅持

어떤 견해나 입장을 굳게 지니고 있거나 지켜나가는 일을 '견지'라 하는데, '굳을 견(堅)' '가질 지(持)'로 굳게 가지고 있다는 뜻이다. 고집(固執)이라고도 하고 유지(維持)라고도 한다.

관련 어휘

#고집(固執):자기의 의견을 바꾸거나 고치지 않고 굳게 버티는 성미.

#유지(維持):어떤 상태나 상황을 그대로 보존하거나 변함없이 계속하여 지탱함.

결자해지　　　　　　　　結者解之

일을 저지른 사람이 그 일을 해결해야 한다고 주장할 때 '결자해지'를 이야기하는데, '맺을 결(結)' '사람 자(者)' '해결할 해(解)' '그것 지(之)'로 일을 만든 사람이 그 일을 해결해야 한다는 뜻이다. 문제를 일으킨 사람이 그 문제를 해결하는 것이 순리지 다른 사람이 해결하는 것은 순리가 아니라는 이야기다.

경기도　　　　　　　　京畿道

전라도(全羅道)는 전주와 나주, 충청도(忠淸道)는 충주와 청주, 경상도(慶尙道)는 경주와 상주, 강원도(江原道)는 강릉과 원주에서 한 글자씩 따서 만들었고, 황해도(黃海道)는 황주와 해주, 평안도(平安道)는 평양과 안주, 함경도(咸境道)는 함흥과 경성에서 한 글자씩 따서 만들었다. 그렇다면 경기도는? '서울 경(京)' '가장자리 기(畿)'로 서울을 중심으로 500리 이내 가장자리 땅이라는 뜻이다.

경시　　　　　　　　　輕視

대수롭지 않게 깔보거나 업신여김을 '경시'라 하는데 '가벼울 경(輕)' '볼 시(視)'로 가볍게 본다는 뜻이다.

　매우 크고 중요하게 여기는 일은 '무거울 중(重)'의 '중시'다.

경양식　　　　　　　　輕洋食

한국 음식이라서 '한국 한(韓)'의 한식(韓食)이고, 중국 음식이라서 '중국 중(中)'의 중식(中食)이다. 일본 음식이라서 '일본 일(日)'의 일식(日食)이고, 서양 음식이라서 '서양 양(洋)'의 양식(洋食)이다.

경양식의 '경'은 '가벼울 경(輕)'이다. 가벼운 서양 음식이냐고? 간단한 서양 음식이라는 뜻으로 '가볍다'는 의미보다 '간단하다'는 의미가 좋을 듯하다.

재즈, 샹송, 팝송, 포크, 컨트리, 칸초네 등을 '경음악'이라 하는데 이때도 '가벼울 경(輕)'이다. 부담 없이 가볍게 들을 수 있는 음악, 대중이 듣고 즐기기 위한 음악을 일컫는다.

경적 警笛

위험을 알리거나 경계하기 위하여 울리는 소리를 '경적'이라 하는데 '경계할 경(警)' '피리 적(笛)'으로 경계하도록 내는 피리 소리라는 뜻이다.

잘못된 일이 생기지 않도록 미리 경계해 주는 주의나 충고를 '경종'이라 하는데 '경계할 경(警)' '종 종(鐘)'으로 경계하라고 들려주는 종소리라는 뜻이다.

경제 經濟

인간의 생활에 필요한 재화나 용역을 생산, 분배, 소비하는 모든 활동, 또는 그것을 통하여 이루어지는 사회적 관계를 '경제'라 하는데 '경세제민'에서 온 말이다. '다스릴 경(經)' '세상 세(世)' '구제할 제(濟)' '백성 민(民)'으로 세상을 다스리고 백성들을 구제하는 활동이라는 뜻이다.

'경제적(經濟的)'은 '생산, 분배, 소비하는 모든 활동에 관한'이라는 뜻이지만 비용, 물자, 노력 등이 적게 들거나 가성비가 좋고 가격이 저렴하다는 의미로 더 많이 쓰인다.

이코노미(economy)가 '경제'라는 뜻이기에 이코노미 호텔은 하위 등급의 호텔이고 이코노미석(economy席)은 기본 등급에 해당하는 좌석이다.

경조사비　　　　　　　　　　慶弔事費

'경조사비'는 '경사스러울 경(慶)' '조문할 조(弔)' '일 사(事)' '비용 비(費)'로 경사스러운 일과 조문하는 일에 참여하면서 건네는 비용이다.

조문(弔問)이 무슨 뜻이냐고? '조상할 조(弔)' '위문할 문(問)'으로 죽음에 대해 슬퍼하는 뜻을 드러내어 상주를 위문하는 일이다.

경찰　　　　　　　　　　　　警察

국가 사회의 공공질서와 안녕을 보장하고 국민의 안전과 재산을 보호하는 일을 하는 조직 또는 국민의 생명, 신체, 재산을 보호하고 범죄 예방과 수사, 피의자의 체포, 공안의 유지 등을 담당하는 사람이나 기관을 '경찰'이라 하는데 '경계 경(警)' '살필 찰(察)'로 경계해 주고 살펴 준다는 뜻이다.

경청　　　　　　　　　　　　傾聽

"호감을 얻는 가장 좋은 방법은 경청이다."라고 하는데 '경청'은 '기울 경(傾)' '들을 청(聽)'으로 귀를 기울여 듣는다는 뜻이다. 집중하여 잘 새겨듣고 이해하려 노력하는 것이 경청이고, 내용뿐 아니라 동기나 정서까지 이해하는 것이 경청이다.

입은 하나인데 귀는 둘인 이유는 경청하라는 조물주의 뜻이라고 해석한 사람도 있다.

경칩   驚蟄

'놀랄 경(驚)' '겨울잠 자는 벌레 칩(蟄)'의 '경칩'은 3월 5일 경인데, 겨울잠 자는 벌레가 봄기운에 놀라서 땅 위로 나온다는 뜻이다.

'까끄라기 망(芒)' '심을 종(種)'을 쓴 '망종'은 6월 6일 경인데 까끄라기 있는 곡식인 벼를 심기에 적당한 시기라는 뜻이다.

관련 어휘

#까끄라기:벼, 보리 따위의 낟알 껍질에 붙은 깔끄러운 수염이나 잘려 나간 동강이.

경품   景品

특정 기간에 많은 상품을 팔고 손님의 호감을 얻기 위해 일정한 액수 이상의 상품을 사는 손님에게 곁들여 주는 물품, 또는 어떤 행사나 모임에서 제비를 뽑아 선물로 주는 물품을 '경품'이라 한다. '햇살 경(景)' '물건 품(品)'으로 햇살처럼 기쁨을 주는 물품이라는 뜻이다.

관련 어휘

#상품(商品):사고파는 물품.

#물품(物品):일정하게 쓸 만한 값어치가 있는 물건.

계륵   鷄肋

버리기에는 아까우나 그다지 쓸모가 없는 것을 '계륵'이라 하는데, '닭 계(鷄)' '갈비 륵(肋)'으로 닭의 갈비라는 뜻이다.

   닭갈비에 붙어 있는 살은 너무 적어서 먹을라치면 먹을 게 없고 버릴라치면 아까운 생각이 든다. 큰 가치도 없고 소용도 없지만 버리기에도 아까운 상황에 대한 표현이다.

계모   繼母

아버지가 재혼함으로써 생긴 어머니를 '계모'라 하는데 '이을 계(繼)' '어미 모(母)'로 친엄마를 이은 엄마라는 뜻이다. '새엄마', '새어머니', '의붓어머니'라고도 한다.

고무적   鼓舞的

힘을 내도록 의욕과 용기를 북돋아 주는 일을 '고무적'이라 하는데, '북 고(鼓)' '춤출 무(舞)'로 북 치고 춤추고 싶을 정도로 즐겁고 신난다는 뜻이다.

고사   固辭

제안이나 권유 등을 강하게 사양함을 '고사'라 하는데, '단단할 고(固)' '사양할 사(辭)'로 단단하게(굳게) 사양한다는 뜻이다.

고희   古稀

나이 일흔 살을 '고희(古稀)'라 하는데, 인간의 삶이 70세까지 가는 일은 예로부터 드문 일이라는 '인생칠십고래희(人生七十古來稀)'에서 만들어진 말이다. '고(古)'와 '희(稀)'를 따서 만든 말이다. '일곱 칠(七)' '열흘 순(旬)'을 써서 '칠순'이라고도 한다.

골재   骨材

"채취 가능한 골재가 몇 년 안에 바닥날 것이다."라고 하는데, '골재'는 '뼈 골(骨)' '재료 재(材)'로 뼈를 만드는 재료라는 뜻이다. 콘크리트나 모르타르에 쓰이는 모래나 자갈 등을 일컫는다. 건축물이나 구조물 등의 기둥, 바닥 등을 만드는 데 사용한다.

골절   骨折

뼈가 부러지는 일을 '골절'이라 하는데 '뼈 골(骨)' '부러질 절(折)'로 뼈가 부러졌다는 뜻이다. 뼈가 부러지는 부상은 '다칠 상(傷)'의 골절상(骨折傷)이다.

공감   共感

남의 의견, 주장, 감정에 대하여 자신도 그렇다고 느끼는 일을 '공감'이라 하는데, '함께 공(共)' '느낄 감(感)'으로 함께 똑같이 느낀다는 뜻이다.

공공요금　　　公共料金

'공공 기관' '공공시설' '공공 서비스' '공공요금'에서 '공공'은 '여러 사람에 관계될 공(公)' '함께 공(共)'이다. 여러 사람에 관계되면서 함께하는 것이라는 뜻이다.

　철도, 우편, 수도, 전기 등 정부가 관여하고 결정하는 요금을 '공공요금'이라 하는데 여러 사람에게 두루 관계되는 요금이라는 뜻이다.

공방　　　攻防

서로 공격하고 방어함을 '공방'이라 하는데, '칠 공(攻)' '막을 방(防)'으로 치고(공격하고) 막고(방어하고) 한다는 뜻이다.

공부　　　工夫

'공부'는 '만들 공(工)' '사나이 부(夫)'로 사나이답게 만드는 일이라는 뜻이다. 옛날에는 남성 중심 사회였기에 '사나이 부(夫)'였지만 현대는 남녀평등 사회이기에 사람답게 만드는 일이라는 뜻으로 이해하는 게 좋을 듯하다.

　국어사전은 공부를 학문이나 기술 등을 배우고 익히는 일이라 정의하고 있다. '배우다'가 아니라 '익히다'에 방점을 찍으면 좋겠다.

공사다망　　　公私多忙

'공사다망'은 '공적 공(公)' '개인 사(私)' '많을 다(多)' '바쁠 망(忙)'

으로 공적인 일과 개인적인 일로 많이 바쁘다는 뜻이다. '공(公)'은 여러 사람에게 관계되는 사회나 국가의 일이고 '사(私)'는 개인적 이익이나 만족을 꾀하는 일이다.

공인 公認

공인 중개사, 공인 노무사, 공인 회계사가 있다. '태권도 공인 3단'이라고도 하고 '국제 공인구'라고도 한다. '공적 공(公)'에 '인정할 인(認)'을 쓴 '공인'은 국가나 공공 단체인 기관이 인정했다는 뜻이다.

공책 空冊

'공책'은 '빌 공(空)' '책 책(冊)'이다. 책은 책인데 비어 있는 책이라서 '공책(空冊)'인 것이다.

비어 있는 생각, 실현 가능성이 없는 생각은 '빌 공(空)' '생각 상(想)'의 '공상'이고, 아무것도 없이 비어 있어 하얀 상태는 '빌 공(空)' '흰 백(白)'의 '공백'이다.

배 속이 비어 있는 상태는 '공복(空腹)'이고, 비어 있는 직위나 지위는 '공석(空席)'이며, 사람들이 모두 떠나서 텅 비게 됨은 '공동화(空洞化)'다.

공화국 共和國

헌법 제1조 1항은 '대한민국은 민주 공화국이다.'이다. '민주'는 '백성 민(民)' '주인 주(主)'로 백성이 주인이라는 뜻이고, 공화국은 '함께 공(共)' '화합할 화(和)' '나라 국(國)'으로 모두 함께 평화를 누리는 나라라는 뜻이다. 공화국의 반대는 '군주국'인데 군주(君主)에 의해 다스려지는 나라라는 뜻이다.

공황 장애 恐惶障礙

'공황'은 '두려울 공(恐)' '어리둥절할 황(惶)'으로 두려워서 어리둥절하다는 뜻이다. '장애'는 '가로막을 장(障)' '거리낄 애(礙)'로 가로막혀서 거리낀다는 뜻으로, 신체 기관이 본래의 제 기능을 못하거나 정신 능력에 결함이 있는 상태를 일컫는다. 그러기에 '공황 장애'는 이유 없이 예상치 못하게 나타나는 극단적 불안 증상을 말한다. 극도의 공포심이 느껴지면서 심장이 빨리 뛰거나 가슴이 답답하고 숨이 차고 땀이 나면서 죽음에 이를 것 같은 불안 증상이다.

공휴일 公休日

국경일이지만 공휴일은 아닌 날이 있고, 국경일은 아니지만 공휴일인 날도 있다. '나라 국(國)' '경사스러울 경(慶)'의 '국경일'은 나라의 경사스러운 날이고, '여럿 공(公)' '쉴 휴(休)' '날 일(日)'의 '공휴일'은 여러 사람이 함께 쉬는 날이다.

현충일(顯忠日)과 어린이날은 국경일은 아니지만 공휴일이다. 일요일은 법정 공휴일이지만 토요일은 법정 공휴일은 아니고 휴무일(休務日)이다. '휴무일'은 '쉴 휴(休)' '일 무(務)'로 일을 쉬는 날이다.

과밀화   過密化

'과밀'은 '심할 과(過)' '빽빽할 밀(密)'로 심하게(지나치게) 빽빽하다는 뜻이다. '화'는 '될 화(化)' '변화될 화(化)' '고쳐질 화(化)'다. 그러니까 과밀화(過密化)는 과밀이 아니었는데 과밀로 변화되었다는, 빽빽하지 않았었는데 심하게 빽빽하게 변화되었다는 뜻이다. 인구나 건물, 산업 등이 한곳에 지나치게 많이 몰려 있는 상태로 변화된 것을 일컫는다.

과실치사   過失致死

부주의나 태만에서 비롯된 잘못이나 허물을 '과실'이라 하는데, '잘못 과(過)' '실수 실(失)'로 잘못과 실수라는 뜻이다. '치사'는 '도달할 치(致)' '죽을 사(死)'로 죽음에 이른다는 뜻이다. '과실치사'는 잘못과 실수로 사람을 죽도록 만들었다는 뜻이다.

과유불급   過猶不及

중용(中庸)의 중요성을 강조하는 말에 '과유불급'이 있다. '지나칠 과(過)' '같을 유(猶)' '아니 불(不)' '미칠 급(及)'으로 지나친 것은 미치지 아니한 것과 같다는 뜻이다. 지나친 것은 바람직하지 못하다는 이야기다.

  '과(過)'는 '잘못', '지나다', '지나치다'는 의미로 쓰인다. 과오(過誤), 사과(謝過), 공과(功過) 등에서는 '잘못' 과정(過程), 통과(通過), 과반(過半), 과거(過去) 등에서는 '지나다' 과로(過勞), 과음(過飮), 과잉(過剩), 과소비(過消費), 과속(過速), 과소(過小) 등에서는 '지나치다'라는 의미이다.

과태료   過怠料

교통 법규를 위반했을 때 과태료나 범칙금 중 하나를 내야 하는 데 '과태료'는 뭐고 '범칙금'은 또 뭘까? 금액이 다른 이유는 무엇이고 어떻게 내는 것이 이익인가?

과태료는 '잘못 과(過)' '게으를 태(怠)' '요금 료(料)'로 잘못이나 게으름에 대한 대가로 내는 요금이라는 뜻이다. 의무 이행을 태만하게 한 사람에게 벌로 물게 하는 돈이다. 범칙금은 '범할 범(犯)' '법 칙(則)' '돈 금(金)'으로 법을 범(위반)한 대가로 내는 돈이다. 같은 잘못임에도 과태료가 범칙금보다 많기에 범칙금을 내는 게 유리하다고 생각할 수 있지만 법을 위반했다는 뜻을 지닌 범칙금이 유리할 리 절대 없다.

범칙금이 과태료보다 조금 적지만 범칙금을 내면 벌점도 붙고 운전자의 이력으로도 남으며 보험료 할증 요인도 되기 때문이다.

과학   科學

'과학'은 물리, 화학, 생물, 지구 과학 등 과학에 관한 지식, 태도, 처리 능력 등을 공부하는 교과목이기도 하지만, 또 다른 의미로도 쓰이는데 사물의 현상에 관한 보편적 원리와 법칙을 알아내고 해명을 목적으로 하는 지식 체계나 학문을 말한다. 자연 과학, 인문 과학, 사회 과학이라고 이름 붙인 이유다.

'과(科)'는 '과정' '낱낱의 부분' '뿌리' '밑동'이라는 의미이다. 그러니까 '과학'은 과정을 연구하는 학문, 낱낱의 부분을 연구하는 학문, 뿌리부터 철저히 연구하는 학문이라고 이해해야 하는 거다.

관광   觀光

다른 지방이나 나라의 풍경, 풍물 등을 구경하고 즐기는 일을 '관광'이라 하는데 '볼 관(觀)' '빛 광(光)'으로 빛나는 것들을 본다는 뜻이다. 옛날에는 과거 보러 가는 일을 '관광'이라고 했는데, 빛을 보러 가는 길이라는 뜻으로 이해하면 될 것 같다.

　'여행'은 '나그네 여(旅)' '갈 행(行)'으로 나그네가 되어서 길을 간다는 뜻이고, '유람'은 '놀 유(遊)' '볼 람(覽)'으로 놀면서 보는 일이라는 뜻이다.

관세   關稅

국경을 통과하여 들어오는 상품에 대하여 부과하는 세금을 '관세'라 하는데, '관문 관(關)' '세금 세(稅)'로 관문에서 거두는 세금이라는 뜻이다.

　여기에서의 '관문(關門)'은 '국경'이라는 뜻이지만, "취업의 관문을 어렵사리 통과했다."처럼 다른 영역으로 나가기 위하여 꼭 거쳐야 할 단계, 다른 지역으로 나가는 통로가 되는 지점의 뜻으로도 쓰인다.

관행   慣行

사회에서 예전부터 해 오던 대로 하는 일을 '관행'이라 하는데 '버릇 관(慣)' '행할 행(行)'으로 버릇대로 행하여 온 일이라는 뜻이다. 예로부터 굳어져 계속 전해 온 사례나 관습은 '규칙 례(例)'의 관례(慣例)다.

괄목상대 　　　　　　　　　刮目相對

학식이나 재주가 놀랄 만큼 향상되었을 때 '괄목상대'를 이야기하는데 '비빌 괄(刮)' '눈 목(目)' '서로 상(相)' '대할 대(對)'로 눈을 비빈 다음에 상대방을 본다는 뜻이다. 믿기지 않을 정도로 많이 변화하였기에 자기의 눈이 정상인지 아닌지 확인한다는 이야기다.

광고 　　　　　　　　　　　廣告

'광고'는 '넓을 광(廣)' '알릴 고(告)'로 널리 알린다는 뜻이다. 판매를 목적으로, 상품에 대한 정보를 매체를 통하여 소비자에게 널리 알리는 의도적인 활동이다. '홍보'도 같은 의미의 말인데 '넓을 홍(弘)' '알릴 보(報)'로 널리 알린다는 뜻이다. '선전'도 비슷한 말인데 '널리 펼 선(宣)' '전할 전(傳)'으로 널리 펴서 전한다는 뜻이다.

광복 　　　　　　　　　　　光復

일제 식민지 시절에 우리 민족은 광복, 해방, 독립을 외쳤다. '광복'은 '빛 광(光)' '돌아올 복(復)'으로 빛을 돌아오게 한다는 뜻이다. 빼앗긴 주권을 도로 찾는다는 말로 이해하면 좋다. '해방'은 '풀 해(解)' '석방할 방(放)'으로 억압에서 풀려나고 구속에서 석방된다는 뜻이다. '독립'은 '홀로 독(獨)' '설 립(立)'으로 남의 도움을 받지 않고 홀로 선다는 뜻이다.

괘념 　　　　　　　　　　　掛念

마음에 두고 걱정하거나 잊지 않음을 '괘념'이라 하는데, '걸 괘

(掛)' '생각 념(念)'으로 생각을 떨쳐 버리지 못하고 마음에 걸어 둔다는 뜻이다. '괘종시계' '괘도'에서의 '괘'도 '걸 괘(掛)'다. 옛날 교실에는 '괘도'가 있었는데 '걸 괘(掛)' '그림 도(圖)'로 걸어 놓은 그림이라는 뜻이었다.

괴뢰 傀儡

'괴뢰'는 '허수아비 괴(傀)' '꼭두각시 뢰(儡)'로 허수아비나 꼭두각시라는 뜻이다. 허수아비는 곡식을 해치는 새나 짐승을 막기 위하여 막대기, 짚, 헝겊으로 사람 모양을 만들어 논밭에 세워 두는 물건이기에 주관 없이 남이 시키는 대로 행동하는 사람을 비유적으로 일컬을 때 쓴다. 꼭두각시는 꼭두각시놀음에 나오는 여러 가지 인형으로 남의 조종에 따라 움직이는 사람이나 조직을 일컫는다. 남의 앞잡이가 되어 이용당하는 사람을 '괴뢰'라 하고, 꼭두각시 노릇을 하는 군대를 '괴뢰군'이라 하는 것이다.

괴리 乖離

서로 어그러져 동떨어짐을 '괴리'라 하는데 '어그러질 괴(乖)' '떼 놓을 리(離)'로 둘 사이가 어그러지고 떼 놓아진 상태라는 뜻이다. '느낄 감(感)'이 더해진 괴리감(乖離感)은 서로 어긋나 동떨어져 있는 것처럼 느끼는 마음이다.

교도소 矯導所

죄인을 가두어 두는 곳, 징역형이나 금고형을 받은 사람 등을 수용하는 장소를 '교도소'라 한다. '바로잡을 교(矯)' '인도할 도(導)' '장소 소(所)'로 죄를 저지른 사람을 바로잡아 올바른 길로 인도하는 장소라는 뜻이다. 일제 강점기에는 '감옥'이라 했는데, '살필 감(監)' '감옥 옥(獄)'으로 죄인을 살피면서 가두어 두는 장소라는 뜻이었다. '형무소'라 부른 적도 있었는데 '형벌 형(刑)' '힘쓸 무(務)' '장소 소(所)'로 형벌에 힘쓰는 장소, 즉, 형벌의 의무를 지는 장소라는 뜻이었다.

구상권 求償權

'구상권'은 '요구할 구(求)' '갚을 상(償)' '권리 권(權)'으로 '갚아 주라고 요구할 수 있는 권리'라는 뜻이다. 남을 대신하여 빚을 갚아 준 사람이 다른 '연대 채무자'나 주된 채무자에게 그만큼의 재산 보상을 요구할 수 있는 권리다.

관련 어휘

#연대 채무자(連帶債務者):하나의 채무에 대하여 각자에게 채무 전액에 대한 변제 의무가 있는 복수의 채무자.

구속 拘束

법원이 피고인이나 피의자를 강제로 일정한 장소에 잡아 가두는 일, 또는 행동이나 생각을 제한하거나 속박하는 일을 '구속'이라 하는데, '잡을 구(拘)' '묶을 속(束)'으로 마음대로 하지 못하도록 잡아서 묶어 둔다는 뜻이다.

"예수님 피로 구속받았다"에서의 '구속'은 다르다. '구원할 구

(救)' '속죄할 속(贖)'으로 구원받아 속죄하였다는 뜻이기 때문이다.
예수님께서 십자가에 못 박혀 인류의 죄를 대신 짊어짐으로 인류
의 죄를 씻었음을 일컫는다.

구속 적부심 　　　　　拘束適否審
범죄 혐의가 있는 어떤 사람을 강제로 일정한 장소에 가두는 것
이 법률상 옳은지 아닌지에 대해 법원이 심사하는 일을 '구속 적
부심'이라 한다. '맞을 적(適)' '아닐 부(否)' '심사할 심(審)'으로 구
속(拘束)이 맞는지 맞지 않는지 심사한다는 뜻이다.

구축함 　　　　　　　　驅逐艦
어뢰, 미사일 등의 무기를 갖추고 적의 주력함이나 잠수함을 공격
하는 전투 함정을 '구축함'이라 하는데 '몰 구(驅)' '쫓을 축(逐)' '싸
움배 함(艦)'으로 '적군의 배를 몰고 쫓아가면서 싸우는 배'라는 뜻
이다. 여객선, 화물선, 유조선, 유람선은 '배 선(船)'이고 잠수함, 초
계함, 항공 모함, 호위함, 경비함은 '싸움배 함(艦)'이다.

구한말 　　　　　　　　舊韓末
'구한말 의병' '구한말 개화 운동' '구한말 지식인'이라 하였다. '구
한말'은 '옛 구(舊)' '대한제국 한(韓)' '끝 말(末)'로 옛날 대한제국의
끄트머리라는 뜻이다. 대한제국이 성립된 1897년부터 대한 제국
이 멸망한 1910년 8월 29일까지를 일컫는다.

구현　　　　　　　　　　具現

사실이나 현상 등이 구체적인 모습으로 뚜렷이 나타남을 '구현'이라 하는데 '구체적 구(具)' '나타낼 현(現)'으로 일정한 모습이 구체적으로 자세하게 나타난다는 뜻이다.

국경일　　　　　　　　　國慶日

'국경일'은 '나라 국(國)' '경사스러울 경(慶)' '날 일(日)'로 나라의 경사스러운 날이다. 현충일, 성탄절, 석가 탄신일은 나라의 경사스러운 날이 아니기에 '국경일'이 아니다. 삼일절(三一節), 제헌절(制憲節), 광복절(光復節), 개천절(開天節), 한글날이 5대 국경일이다. '절(節)'은 '마디'라는 의미로 많이 쓰이고 '절기'라는 의미로도 많이 쓰이지만 제헌절 광복절 등에서는 '경사스러운 날'이라는 의미이다. 삼일절(三一節)은 날짜로 지은 이름인데 만세절(萬歲節)로 고치면 좋지 않을까 생각해 본다.

국지성　　　　　　　　　局地性

일정한 지역에 집중적으로 쏟아지는 큰비를 '국지성 호우'라 하는데, '국지'는 '지역 국(局)' '땅 지(地)' '성질 성(性)'으로 일정 지역의 땅에 제한되는 성질이라는 뜻이다. '호우'는 '클 호(豪)' '비 우(雨)'로 '큰비' '많은 비'라는 뜻이다.

군필자　　　　　　　　　軍畢者

군 복무를 마친 사람을 '군필자'라 하는데 '군대 군(軍)' '마칠 필

(畢) '사람 자(者)'다. 반대말은 '아닐 미(未)'를 쓴 미필자(未畢者)다.

일생을 마칠 때까지의 기간을 필생(畢生)이라 하고, 검사를 다 마쳤음을 검사필(檢査畢)이라 하며, 서류 등을 받아들였음을 접수필(接受畢)이라 한다. 세금 납부하였음을 증명하는 증지는 납세필증(納稅畢證)이다.

규탄　　　　　　　　　　　　　　糾彈

잘못이나 죄를 들추어내어 엄격하게 따지고 비난하는 일을 '규탄'이라 하는데, '적발할 규(糾)' '쏠 탄(彈)'으로 잘못을 적발해서 화살이나 탄알을 쏜다는 뜻이다.

극적　　　　　　　　　　　　　　劇的

'극적인 역전승을 거두었다'하고, '극적으로 상봉하상봉하였다'라고도 한다. 극적 갈등, 극적 효과라고도 한다. '연극 극(劇)'을 쓴 '극적'은 연극의 특성을 띤다는 의미로, 연극이나 드라마처럼 일부러 가슴 졸이도록 꾸며 놓은 것 같다는 뜻이다. 어떤 사태가 갑작스럽거나 놀라운 데가 있으면서 동시에 감동적이거나 인상적일 때 쓰는 표현이다.

근묵자흑　　　　　　　　　　　近墨者黑

'근묵자흑'은 '가까울 근(近)' '먹 묵(墨)' '사람 자(者)' '검을 흑(黑)'으로 먹을 가까이하는 사람은 검어진다는 뜻이다. 나쁜 사람과 가까이 지내면 나쁜 버릇에 물들기 쉬움을 일컬을 때 쓰는 표현이다. 대구(對句)가 되는 말은 붉은 것을 가까이하면 붉어진다는 근주자적(近朱者赤)이다. '근묵˅자흑'으로 읽지 말고 '근묵자˅흑'으로 읽어야 옳다.

근시　　　　　　　　　　　　　　　　近視

'근시'는 '가까울 근(近)' '볼 시(視)'로 '가까운 곳은 보인다'는 뜻이다. '그러나 먼 곳은 보이지 않는다'가 생략되었다. '원시'는 '멀 원(遠)' '볼 시(視)'로 '먼 곳은 보인다'는 뜻이다. '그러나 가까운 곳은 보이지 않는다'가 생략되었다.

근하신년　　　　　　　　　　　　謹賀新年

새해 인사말로 많이 사용되는 말이 '근하신년'인데 '삼갈 근(謹)' '축하할 하(賀)' '새로울 신(新)' '해 년(年)'으로 삼가 새해 맞이함을 축하한다는 뜻이다. '송구영신'도 많이 쓰는데 '보낼 송(送)' '예 구(舊)' '맞이할 영(迎)' '새로울 신(新)'으로 옛것을 보내고 새것을 맞이한다는 뜻이다. 축하하러 온 손님은 하객(賀客)이고, 축하하는 뜻으로 벌이는 잔치나 의식은 하례식(賀禮式)이며, 고마움이나 칭찬의 뜻을 표시하는 일은 치하(致賀)다.

금　　　　　　　　　　　　　　　　　　金

'金'은 '돈(money)' '금(gold)' '쇠(steel)' '성씨'로 쓰이는데, 세금(稅金), 임금(賃金), 요금(料金)에서는 '돈'이라는 의미고, 황금(黃金), 도금(鍍金), 금괴(金塊)에서는 'gold'라는 의미이다. 비금속(卑金屬), 비금속

(非金屬)에서는 '쇠'라는 의미고, 김구 선생, 김좌진 장군에서는 '성씨'다. 성씨로 쓰일 때는 '김'으로 발음한다.

금리   金利

금융 기관에서 빌려준 돈이나 금융 기관에 맡긴 예금 등에 대한 이율을 '금리'라 하는데 '돈 금(金)' '이자 이(利)'로 돈에 대한 이자라는 뜻이다.

금명간   今明間

오늘이나 내일 사이를 금명간이라 하는데 '오늘 금(今)' '내일 명(明)' '사이 간(間)'으로 오늘과 내일 사이라는 뜻이다. '조만간'이라고도 하는데 '이를 조(早)' '늦을 만(晩)' '사이 간(間)'으로 이르든지 늦든지 사이에, 앞으로 얼마 안 가서라는 뜻이다.

금자탑   金字塔

뛰어난 업적을 이루었을 때 '금자탑을 쌓았다'라고 하는데, '쇠 금(金)' '글자 자(字)' '탑 탑(塔)'으로 '金'이라는 글자 모양의 탑이라는 뜻이다. 피라미드를 일컫는 말인데 길이 후세에 남을 뛰어난 업적에 대한 표현으로 많이 쓰인다.

기각   棄却

법원이 소송을 제기한 서류를 받아서 그 내용을 따져 본 결과, 소송이 이유가 없거나 적법하지 않다고 판단하여 배척하는 결정을 '기각'이라 한다. '버릴 기(棄)' '물리칠 각(却)'으로 가치가 없다고 판단되어서 버리고 물리친다는 뜻이다.

기간산업　　　　　　　　　　基幹産業

'바탕 기(基)'에 '줄기 간(幹)'을 쓴 '기간'은 '본바탕이 되는 줄기'라는 의미이다. 일정한 부문에서 으뜸이 되거나 중심이 되는 것, 핵심이 되는 어떤 것을 일컫는다. '기간산업'은 그 나라 산업의 바탕을 이루는 산업이다.

　'임시 교사'를 '기간제 교사'라 하는데 이때의 기간은 '기간 기(期)' '사이 간(間)'의 기간이다. 정해진 기간만 근무하는 교사라는 뜻이다.

기금　　　　　　　　　　　　　基金

어떤 사업이나 행사 등에 쓸 기초가 되는 자금을 '기금'이라 하는데 '기초 기(基)' '돈 금(金)'으로 기초를 만드는 돈이라는 뜻이다.

기독교　　　　　　　　　　　　基督教

기독교의 기독(基督)은 '그리스도(Christ)'의 한자 표기인데, 뜻과 관계없이 음(音)만 빌려 온 말이다. '바탕 기(基)' '살펴볼 독(督)'이긴 하지만 '바탕'이나 '살펴본다'라는 뜻과는 관계가 없다는 이야기다.

　'그리스도'와 '기독'의 발음이 비슷하지 않다고? 원래 중국에서

基利斯督(기리사독)으로 표기하였는데, '기(基)'와 '독(督)'만을 뽑아서 '기독'으로 만들었기 때문이다. '기독(基督)'에 '종교'를 뜻하는 '교(教)'를 붙여 '기독교(基督教)'가 되었는데, 기독교는 개신교는 물론 가톨릭교회, 동방 정교회까지 포함하여 예수 그리스도를 믿는 모든 종교 단체를 가리킨다.

관련 어휘

#동방 정교회(東方正教會):동로마 제국의 국교로서 콘스탄티노플을 중심으로 발전한 기독교의 한 교파로 1054년 로마를 중심으로 하는 서방 교회와 분리되었다. 로마 교황을 승인하지 않으며 교의 및 의식을 중시하고 상징적·신비적 경향이 강하다.

기성세대 　　　　　　　　　 既成世代

현재 사회 각 분야에서 활동하고 있는 어느 정도 나이가 든 세대를 '기성세대'라 하는데 '이미 기(既)' '성장할 성(成)'으로 이미 성장한 세대라는 뜻이다. 구세대(舊世代)라고도 하며, 반대는 신세대(新世代)다.

　다수의 소비자를 대상으로 미리 만들어 놓고 파는 옷이기에 기성복(既成服)이고, 이미 결혼했기에 기혼(既婚)이다. 이미 출제된 문제이기에 기출문제(既出問題)고 이미 작품 활동을 하며 작가로 이름이 알려졌기에 기성 작가(既成作家)다.

기소 　　　　　　　　　　　　 起訴

검사가 특정한 형사 사건에 대하여 법원에 심판을 요구하는 일을

'기소'라 하는데, **'일으킬 기(起)' '소송 소(訴)'**로 소송을 하도록 한다는 뜻이다. 검사가 특정한 형사 사건에 대하여 법원에 심판해 주기를 요구하는 일을 말한다.

기우 杞憂

앞으로 벌어질 일에 대해 쓸데없이 걱정하는 것을 '기우'라 하는데 **'나라 이름 기(杞)' '근심할 우(憂)'**로 '기 나라 사람의 근심'이라는 뜻이다. 중국 기(杞) 나라에 살았던 어떤 사람이 '만일 하늘이 무너지면 어디로 피해야 좋을 것인가?'라고 걱정하면서, 잠자는 일도 잊고 먹지도 않으며 걱정하였다는 이야기에서 생겨난 말이다.

기저 질환 基底疾患

평소에 가지고 있는 만성적인 병을 기저 질환이라하는데 '기저'는 **'바탕 기(基)' '밑 저(底)'**로 '어떤 것의 뿌리나 밑바탕이 되는 기초'라는 뜻이고, '질환'은 '병 질(疾)' '병 환(患)'으로 몸에 생기는 온갖 병(病)을 일컫는다.

기하급수 幾何級數

어떤 사물이 이전 수량의 몇 배로 증가하는 것을 기하급수적이라 하는데, **'얼마 기(幾)' '어느 하(何)'**의 '기하'는 얼마인지 모르고 어느 정도인지 모른다는 뜻이다. '급수'는 **'계단 급(級)' '숫자 수(數)'**로 숫자가 계단처럼 올라가거나 내려간다는 뜻인데, 일정한 법칙에 따라 증감하는 수를 일정한 순서로 늘어놓은 수열의 합이다.

그러므로 '기하급수적'은 얼마인 줄 모를 정도로 많아지고 적어지는 것을 일컫는다. '1+2+4+8+16+32+64+128…'처럼 말이다. 앞의 숫자의 2배로 증가하는 것이 기하급수인 것이다.

'산술급수'도 있는데, '셀 산(算)' '기술 술(術)'로 셈을 다루는 기술이라는 뜻이다. '1+3+5+7+9…나 2+4+6+8…'처럼 간단하게 셈할 수 있을 정도로 많아지고 적어진다는 의미이다. 이웃하는 항과의 차이가 일정한 것이라고 이해하면 된다.

나무아미타불 南無阿彌陀佛

"염주를 돌려 가며 나무아미타불을 외셨다."에서 '염주'는 무엇이고 '나무아미타불'은 무슨 뜻인가? 염주는 '생각 념(念)' '구슬 주(珠)'로 생각하도록 만드는 구슬이라는 뜻이다. 염불할 때 손으로 돌리거나 손목 또는 목에 거는 물건이다. '염불'은 '생각 념(念)' '부처 불(佛)'로 부처님을 생각한다는 뜻으로 부처의 모습과 공덕을 생각하면서 아미타불을 부르는 일이다.

나무아미타불은 '南無阿彌陀佛'로 쓰는데 한자의 뜻과는 관계없는 말이다. 원래 인도 말인데 중국인들이 뜻과 관계없이 음(音)만 빌려서 '南無阿彌陀佛'로 표기했고, 우리는 이 한자를 그대로 가져와 사용했다. 발음을 부드럽게 하기 위하여 '남'을 '나'로 바꾸어 '남무아미타불'이 '나무아미타불'로 되었다. '나무'는 '돌아가 의지한다'는 뜻이고, '아미타불'은 서방 정토에 계시는 부처님이다. 그러니까 '나무아미타불'은 부처님께 돌아가 의지하고 싶다는 의미인 거다.

공들인 일이 헛일이 됨을 '도로아미타불'이라 하는 이유는 '나무아미타불'을 외면서 소원을 빌었음에도 소원이 이루어지지 않고 원래 그대로의 상태가 계속되는 경우가 많기 때문일 것이다.

낙인 烙印

씻기 어려운 부끄럽고 욕된 평판을 '낙인'이라 하는데 '지질 낙(烙)' '도장 찍을 인(印)'으로 '불에 달군 쇠로 몸을 지져서 찍은 도장'이라는 뜻이다. '낙인찍히다'는 지우기 어려운 부정적인 평가를 받을 때 쓰는 표현이다.

난민 　　　　　　　　　　難民

전쟁이나 재난을 당하여 곤경에 빠진 백성 또는, 가난하여 생활이 어려운 사람을 '난민'이라 하는데 '어려울 난(難)' '백성 민(民)'으로 어려움에 처한 백성이라는 뜻이다.

난상토론 　　　　　　　爛商討論

여러 사람이 모여서 충분히 의논함을 '난상토론'이라 하는데 '지나칠 난(爛)' '헤아릴 상(商)'의 '난상'은 지나칠 정도로 많이 헤아린다(생각한다)는 뜻이고, '칠 토(討)' '의논할 론(論)'의 '토론'은 상대방을 치면서(공격하면서) 의논한다는 뜻이다.

난이도 　　　　　　　　難易度

'난이도'에 따라 희비가 교차하였다고 하는데, '어려울 난(難)' '쉬울 이(易)' '정도 도(度)'의 '난이도'는 학습, 운동, 기술 등의 어렵고 쉬운 정도다. '난이도를 높이다'가 잘못된 표현인 이유는 어렵고 쉬운 정도를 높인다는 게 말이 되지 않기 때문이다. '난도를 높이다'로 표현해야 옳다. '난이도가 낮다' 역시 '난도가 낮다'로 고쳐야 옳다.

난항 　　　　　　　　　　難航

일이 순조롭게 진행되지 못하는 상황을 '난항'이라 하는데, '어려울 난(難)' '항해할 항(航)'으로 어렵게 항해한다는 뜻이다.

날인 捺印

'누를 날(捺)' '도장 인(印)'의 '날인'은 도장을 눌러 찍는 일이다. '서명'은 '적을 서(署)' '이름 명(名)'으로 이름을 적는 일이다. 서명 날인을 해야 한다는 말은 이름을 쓴 다음에 도장까지 찍어야 한다는 이야기다. 기명 날인(記名捺印)이라고도 한다. 사인(sign)은 다르다. 연예인이나 스포츠 스타들이 많이 하는데, 이름과 상관없이 본인임을 표시하는 표식을 본인이 직접 쓰는 일이다.

관련 어휘

#기명 날인(記名捺印):자기 이름을 쓰고 도장을 찍는 일.

남용 濫用

"약 좋다고 남용 말고 약 모르고 오용 말자."라는 공익 광고가 있었다. '남용'은 '넘칠 남(濫)' '사용할 용(用)'으로 넘치게 사용한다, 지나치게 많이 사용한다는 의미이다. 일정한 기준이나 한도를 넘어서 함부로 사용한다는 뜻이면서, 권리나 권한 등을 본래의 목적이나 범위를 벗어나 함부로 행사한다는 뜻이기도 하다. '오용'은 '잘못할 오(誤)' '사용할 용(用)'으로 잘못 사용한다는 뜻이다. 약물을 본래의 용도와는 다르게 사용하는 일을 일컫는다.

납량 納涼

'납량물' '납량 특집'이 있었다. 납량은 '들일 납(納)' '서늘할 량(涼)'으로 서늘함을 들어오게 한다는 뜻이다. 더위를 피하여 서늘한 기운을 느끼게 만드는 일을 말한다. 그러니까 납량물(納涼物)은 여름철에 무더위를 잊을 만큼 서늘한 기운을 느끼게 만드는 내용의 책이나 영화를 일컫는다. 납량 특집(納涼特輯)은 신문, 잡지, 방송에서 여름철에 무더위를 잊을 만큼 서늘한 기운을 느끼도록 편성한 특집 프로그램이다.

낭만적   浪漫的

현실과 이성보다는 이상과 감정을 중시하는, 비현실적이며 이상적 달콤함을 추구하는 것을 '낭만적'이라 한다. '낭만'은 한자의 뜻과는 관계없는 단어다. 'romantic'을 일본인들이 음만을 빌려서 '浪漫'으로 표기했고 이 '浪漫'을 우리가 그대로 가져와 우리 발음 '낭만'으로 발음하고 있기 때문이다.

내구성   耐久性

원래의 상태에서 변질되거나 변형됨이 없이 오래 견디는 성질을 '내구성'이라 하는데, '견딜 내(耐)' '오랠 구(久)' '성질 성(性)'으로 오래 견디는 성질이라는 뜻이다.

내막   內幕

겉으로 드러나지 않은 일의 사정이나 실상을 '내막'이라 하는데 '안 내(內)' '휘장 막(幕)'으로 휘장의 안이라는 뜻이다. '휘장'은 여러 폭의 피륙을 이어서 만든 둘러치는 막이다. 중국 전국 시대 전쟁에서는 적장(敵將)의 목을 베면 전쟁이 끝나게 되어 있었다. 당연히 장수의 침소(寢所)는 외막(外幕)을 친 뒤, 다시 내막(內幕)을 쳐서 쥐새끼 한 마리 드나들지 못하도록 엄중히 경계하였다. 일반 병사들은 그 속이 어떻게 생겼는지 그 속에서 어떤 일이 일어나는지 알 수가 없었다. 겉으로 드러나지 않는 일의 내용을 '내막'이라 하는 이유다.

내빈 　　　　　　　　　　　　　　　來賓

중앙 현관 신발장에 '내빈용'이 있었다. "내빈 여러분께 감사드립니다."라고 인사하기도 한다. '내빈'은 '올 래(來)' '손님 빈(賓)'으로 '오신 손님'이라는 뜻인데, 어떤 모임에 공식적으로 초대받아 참석한 사람을 일컫는다.

내시경 　　　　　　　　　　　　　內視鏡

우리 몸 내부를 의학적으로 검사하기 위하여, 몸속에 집어넣어 관찰하는 기구를 '내시경'이라 하는데 '안 내(內)' '볼 시(視)' '거울 경(鏡)'으로 안을 볼 수 있는 거울이라는 뜻이다. 색깔이 있는 알을 끼운 안경을 색안경(色眼鏡)이라 하는데, 선입견이나 감정에 치우친 관점을 이르는 말로도 쓰인다.

내신 　　　　　　　　　　　　　　內申

내신 등급이 중요하다 하고 내신 성적 결과 때문에 힘들어한다고도 한다. 학교에서 학생들의 학업 능력을 평가하기 위해 치르는 필기시험과 수행 평가를 합한 점수를 내신이라 하지만, 글자 그대로는 '몰래 내(內)' '알릴 신(申)'으로 몰래 알려 준다는 뜻이다. 진학이나 취직과 관련하여 선발의 자료가 될 수 있도록 지원자의 출신 학교에서 학업 성적, 품행 등을 적어 보낸다는 의미로, 인사 문제나 사업 내용 등을 공개하지 않고 상급 기관에 보고한다는 뜻으로도 쓰인다.

내연 內緣

법적인 혼인 신고는 하지 않았으나 실질적으로 부부 생활을 하는 관계를 '내연'이라 하는데, '몰래 내(內)' '인연 연(緣)'으로 '몰래 맺은 인연'이라는 뜻이다. 내연의 관계에 있는 여자를 '내연녀'라 하고, 내연의 관계에 있는 남자를 '내연남'이라 한다.

내정 內定

정식 발표를 하기 전에 이미 내부적으로 인사를 정함을 '내정'이라 하는데 '몰래 내(內)' '정할 정(定)'으로 드러내지 않고 몰래 정하였다는 뜻이다. '내정 간섭'에서의 내정은, '안 내(內)' '정치 정(政)'으로 나라 안의 정치라는 뜻이다.

노숙자 露宿者

'길 로(路)'인 줄 알았는데 '드러낼 로(露)'였다. '드러낼 로(露)' '잠잘 숙(宿)' '사람 자(者)'로 몸을 드러내 놓고 잠자는 사람이기에 '노숙자'라 하였다.

노점상, 노천극장, 노출, 탄로, 노골적, 폭로에서의 '노' 역시 '드러낼 노(露)'다. '露'가 '이슬 노' 아니냐고? 맞다. 백로, 한로, 우로,

감로수, 초로인생에서의 '노'는 '이슬'이라는 뜻이다.

관련 어휘

#노점상(露店商):길가의 한데에 물건을 벌여 놓고 하는 장사.

#노천극장(露天劇場):한곳에 임시로 무대만 설치하여 만든 극장.

#노출(露出):겉으로 드러나거나 드러내는 일.

#노골적(露骨的):숨김없이 모두를 있는 그대로 드러내는 것.

#탄로(綻露):숨긴 일을 드러내는 것.

#폭로(暴露):알려지지 않았거나 감춰져 있던 사실을 드러내는 것. 흔히 나쁜 일이나 음모 따위를 사람들에게 알리는 것을 말함.

#백로(白露):'이슬'을 아름답게 이르는 말.

#한로(寒露):이십사절기의 하나. 추분과 상강 사이에 들며, 태양의 황경(黃經)이 195도인 때. (10월 8일경)

#우로(雨露):비와 이슬을 아울러 이르는 말.

#감로수(甘露水):설탕을 달게 타서 끓인 물.

#초로인생(草露人生):풀잎에 맺힌 이슬과 같은 인생이라는 뜻으로, 허무하고 덧없는 인생을 비유적으로 이르는 말.

논공행상　　　　　　　　論功行賞

공로가 있고 없음을 의논하고, 크고 작음을 의논하여서 거기에 알맞게 상을 주는 일을 '논공행상'이라 한다. '의논할 논(論)' '결과 공(功)' '행할 행(行)' '상 줄 상(賞)'으로 공(功)을 의논하여서 상(賞) 주는 일을 행한다는 뜻이다.

농도 濃度

용액, 기체, 고체 혼합물에 들어 있는 구성 성분의 진한 정도를 '농도'라 하는데 '짙을 농(濃)' '정도 도(度)'로 '짙음의 정도'라는 뜻이다.

　　빠르기의 정도는 '속도(速度)', 따뜻함의 정도는 온도(溫度), 높음의 정도는 고도(高度), 빽빽함의 정도는 밀도(密度), 되풀이됨의 정도는 빈도(頻度), 습함의 정도는 습도(濕度), 만족함의 정도는 만족도(滿足度), 알고 있음의 정도는 인지도(認知度), 어렵고 쉬움의 정도는 난이도(難易度), 나아감의 정도는 진도(進度)다.

뇌출혈 腦出血

고혈압이나 동맥 경화로 인하여 뇌의 혈관이 터져 피가 흘러나온 상태를 '뇌출혈'이라 하는데 '뇌내출혈(腦內出血)의 준임말이다. '뇌 뇌(腦)' '안 내(內)' '날 출(出)' '피 혈(血)'로 뇌 안에서 피가 나온다는 뜻이다. 뇌 속의 피가 흘러나오면 갑자기 의식을 잃고 쓰러지게 되고, 쓰러진 후에 코 골며 자는 것 같다가 그대로 사망하기도 한다. 부위에 따라 증상이 다르지만, 대부분 회복 후에도 반신불수나 언어 장애 등이 일어난다. 뇌일혈(腦溢血)이라고도 했었는데 '넘칠 일(溢)'로 뇌 안에 피가 넘친다는 뜻이었다.

누명 陋名

사실이 아닌 일로 이름을 더럽히는 억울한 평판을 '누명'이라 하는데, '더러울 누(陋)' '이름 명(名)'으로 더러운 이름이라는 뜻이다. '더러울 오(汚)'를 써서 오명(汚名)이라고도 한다.

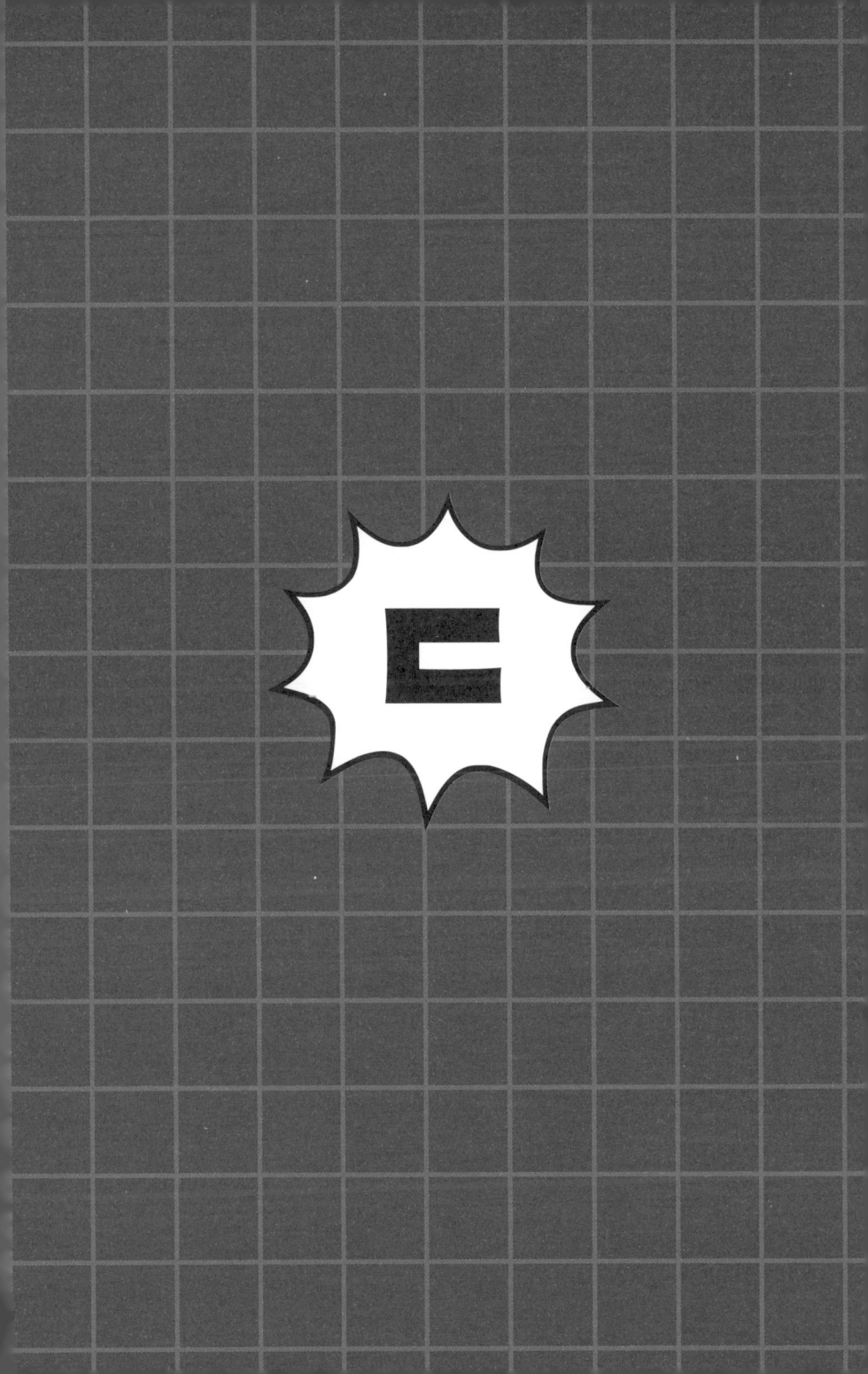

다반사 茶飯事

'거짓말을 다반사로 한다.' '그런 일은 다반사로 일어난다.'라고 하는데, 다반사는 '차 마실 다(茶)' '밥 먹을 반(飯)' '일 사(事)'로 차 마시고 밥 먹는 일처럼 늘 하는 일이어서 대수롭지 않다는 뜻이다. 특별하지도, 이상하지도, 신통하지도 않을 때 쓴다. '예삿일', '흔한 일'로 바꿔 쓸 수 있다.

단념 斷念

품었던 생각을 완전히 끊어 버리거나 미련 없이 잊어버리는 것을 '단념'이라 하는데 '끊을 단(斷)' '생각 념(念)'으로 생각을 끊어 버린다는 뜻이다.

　'보통 통(通)'의 '통념'은 사회에 널리 퍼져 있는 생각이고, '집착할 집(執)'의 집념(執念)은 한 가지 일이나 사물에만 끈질기게 집착하는 마음 쏟음이다.

단장 斷腸

"미아리 눈물 고개, 임이 넘던 이별 고개, 화약 연기 앞을 가려 눈 못 뜨고 헤매일 때"로 시작하는 노래의 제목은 '단장의 미아리 고개'다. '단장'은 '끊을 단(斷)' '창자 장(腸)'으로 창자가 끊어진다는 뜻이다. 철삿줄로 두 손이 꽁꽁 묶인 채 뒤돌아보며 맨발로 끌려가는 남편을 바라보는 아내의 고통은 창자가 끊어지는 아픔 이상이었을 것이 분명하다.

대사 臺詞

연극이나 영화에서 배우가 하는 말을 '대사'라 하는데 '무대 대(臺)' '말 사(詞)'로 무대에서 하는 말이라는 뜻이다. 대사는 대화, 독백, 방백으로 나뉘는데 '대화'는 '대할 대(對)' '말할 화(話)'로 두 사람이 마주 보고 주고받는 말이다. '독백'은 '혼자 독(獨)' '말할 백(白)'으로 혼자서 하는 말하기고, '곁 방(傍)' '말할 백(白)'의 '방백'은 곁에서 말한다는 뜻으로 무대 위의 다른 인물에게는 들리지 않고 관객만 들을 수 있는 것으로 약속된 말하기다. '白'이 '흰 백' 아니냐고? '희다'라는 의미로 많이 쓰이는 것은 맞지만 고백, 자백, '주인 백'에서의 '백'은 '말하다'라는 뜻이다.

대상 포진 帶狀疱疹

피부에 발진을 일으키면서 심한 통증을 유발하는 질환을 '대상 포진'이라 하는데 '대상'은 '띠 대(帶)' '모양 상(狀)'으로 작은 물집이 띠 모양으로 번져 간다는 뜻이다. '물집 포(疱)' '피부병 진(疹)'의 '포진'은 물집이 생기는 피부병이라는 뜻이다. 몸통이나 엉덩이 부위에 많이 생기지만 얼굴, 팔, 다리 등 어디에서든 발생하는 질병이다.

대중 大衆

'큰 대(大)' '무리 중(衆)'의 '대중'은 '큰 무리'라는 뜻으로 '수많은 사람의 무리'를 가리킨다. 대량 생산과 대량 소비를 특징으로 하는 현대 사회를 구성하는 대다수 사람을 뜻하면서, 엘리트와 상대되는 개념으로 쓰이기도 한다.

대중을 대상으로 하는 음악은 대중음악(大衆音樂), 대중이 읽기 쉽게 쓴 흥미 위주의 소설은 대중 소설(大衆小說), 대중에게 대량의 정보를 전달하는 것은 대중 매체(大衆媒體), 여러 사람이 이용하는 버스, 지하철은 대중교통(大衆交通), 여러 사람이 이용하는 싸고 간편한 식당은 대중음식점(大衆飲食店), 여러 사람이 형성하는 문화는 대중문화(大衆文化)다.

대질 심문　　　　　　　　　對質審問

원고, 피고, 증인들의 말이 서로 다를 경우, 이들을 맞대면시켜 진술할 기회를 주는 일을 대질 심문(對質審問)이라 한다.

　'대질'과 '심문'이 합해진 말인데, '대할 대(對)' '질문할 질(質)'의 '대질'은 양쪽을 대하도록(마주 보도록) 한다는 뜻이고, '살필 심(審)' '물을 문(問)'의 '심문'은 살펴서 묻는다는 뜻으로 조사하기 위해 자세히 따져 묻는 일이다.

대처승　　　　　　　　　　　帶妻僧

대다수 스님은 결혼하지 않지만 결혼하는 스님도 있는데, 이런 스님을 '대처승'이라 한다. '지닐 대(帶)' '아내 처(妻)' '중 승(僧)'으로 '아내를 지니고 사는(함께 사는) 중'이라는 뜻이다.

　기독교의 종파가 여럿이듯 불교 또한 종파가 여럿인데 우리나라 불교의 최대 종단인 조계종에서는 스님의 결혼을 허락하지 않는다. 하지만 태고종 등의 종단에서는 스님의 결혼을 허용한다.

　대처승의 반대는 비구승(比丘僧)인데 '비구'는 인도어 비쿠(bhikkhu)의 음역(音譯)이다. 결혼하지 않고 독신으로 수도(修道)의 길을 걷는 스님이다. 결혼하지 않은 여자 스님은 비구니(比丘尼)라 한다.

#수도(修道):도를 닦음.

대출 　　　　　　　　　　　　　　貸出

돈이나 물건 등을 빌려주거나 빌리는 일을 '대출'이라 하는데 '빌릴 대(貸)' '내보낼 출(出)'로 빌려주어서 내보낸다는 뜻이다. '빌릴 대(貸)' '줄 부(付)'를 써서 '대부'라고도 하고, '융통할 융(融)' '자본 자(資)'를 써서 '융자'라고도 한다.

#융자(融資):자금을 융통하는 일.

도산 　　　　　　　　　　　　　　倒産

재산을 모두 잃고 망하게 됨을 '도산'이라 하는데 '넘어질 도(倒)' '재산 산(産)'으로 재산이 넘어졌다는 뜻이다. '깨뜨릴 파(破)'를 써서 파산(破産)이라고도 한다.

#파산(破産):재산을 모두 잃고 망함.

도화지 圖畫紙

도화지는 '그림 도(圖)' '그릴 화(畫)' '종이 지(紙)'로 그림을 그리는 종이라는 뜻이다. 붓글씨를 쓰거나 그림을 그릴 때 쓰는 한지를 '화선지'라 하는데 '그림 화(畫)' '펼 선(宣)' '종이 지(紙)'로 그림을 펼쳐 내는 종이라는 뜻이다.

독불장군 獨不將軍

'독불장군'은 '홀로 독(獨)' '아니 불(不)' '장수 장(將)' '군인 군(軍)'이기에 글자 그대로는 '홀로는 장군이 되지 못한다'는 뜻이다. 그런데 이러한 뜻으로 쓰이지 않고 '남의 의견을 무시하고 혼자서 모든 일을 처리하는 사람'이라는 의미로 쓰이고 있다.

　'독불장군이라는 사실을 모르는 사람'에서 '~라는 사실을 모르는 사람'이 생략되었기 때문이다. 홀로는 장군이 되지 못한다는 사실을 모른 채 제멋대로 일을 처리하는 사람이라고 해석해야 옳은 것이다. 이 밖에 다른 사람에게 따돌림을 받는 외로운 사람이라는 뜻으로도 쓰인다.

독서백편의자현 讀書百篇義自見

어려운 내용의 글일지라도 자꾸 되풀이하여 읽으면 그 뜻을 스스로 깨닫게 되어 알 수 있게 됨을 '독서백편의자현'이라 한다. '읽을 독(讀)' '글 서(書)' '일백 백(百)' '횟수 편(遍)' '뜻 의(義)' '저절로 자(自)' '나타날 현(見)'으로 '글 읽기를 백 번 하면 뜻이 저절로 드러난다'라는 뜻이다.

동결 凍結

'얼 동(凍)' '동여맬 결(結)'의 '동결'은 얼게 하여서 그대로 동여맨다는 뜻이다. 원래는 추위나 냉각으로 얼어붙었다는 뜻이었는데, 현재는 '사업, 계획, 활동 등이 중단됨' '자산이나 자금 등의 사용이나 변동이 금지됨'이라는 뜻으로 의미가 확장되었다. 임금, 가격, 요금, 정원 등의 변화를 일정 수준에서 고정하는 일을 가리킨다.

동서고금 東西古今

사람이 살아온 모든 시대와 모든 장소를 '동서고금'이라 하는데 '동양 동(東)' '서양 서(西)' '옛 고(古)' '지금 금(今)'이다. 동양과 서양, 옛날과 지금이라는 뜻이다.

공산 진영과 자유 진영이 전쟁 없이 신경전을 벌였던 시대를 동서 냉전 시대라 하였는데 이때의 '동(東)'은 '공산 진영'을, '서(西)'는 '자유 진영'을 가리켰다.

'냉전'은 '차가울 냉(冷)' '전쟁 전(戰)'으로 차가운 전쟁이라는 뜻인데 무기 사용 없이 외교적으로 꾀하는 신경전을 일컫는다.

둔기 鈍器

둔기에 맞아 다쳤다고 하는데 '무딜 둔(鈍)' '기구 기(器)'의 '둔기'는 무딘 기구라는 뜻이다. 돌멩이, 망치, 몽둥이, 벽돌 등 날이 없는 도구를 가리키는데, 사람을 상해하기 위하여 사용하는 물건인 경우가 대부분이다.

등대 燈臺

바닷가, 섬, 방파제 같은 곳에 탑 모양으로 높이 세워진 구조물로 밤에 다니는 선박에 목표, 뱃길, 위험한 곳 등을 알려 주려는 목적으로 불을 켜 비추는 구조물을 '등대'라 하는데 '등불 등(燈)' '집 대(臺)'로 등불을 켜 놓은 집이라는 뜻이다.

　나아가야 할 길을 밝혀 주는 사람이나 사실을 비유적으로 일컬을 때도 쓴다.

등본 謄本

주민 등록 등본, 주민 등록 초본이 필요한 때가 있다. '등본'은 '베 낄 등(謄)' '원본 본(本)'으로 원본을 베꼈다는 뜻이고, '초본'은 '뽑을 초(抄)' '원본 본(本)'으로 원본에서 필요한 부분만 뽑았다는 뜻이다.

　주민 등록 원본 전부를 복사한 증명 문서는 주민 등록 등본(住民登錄謄本)이고, 주민 등록에 기재된 사항 중 청구자가 지정한 부분만을 뽑아서 복사한 증명 문서는 주민 등록 초본(住民登錄抄本)인 것이다.

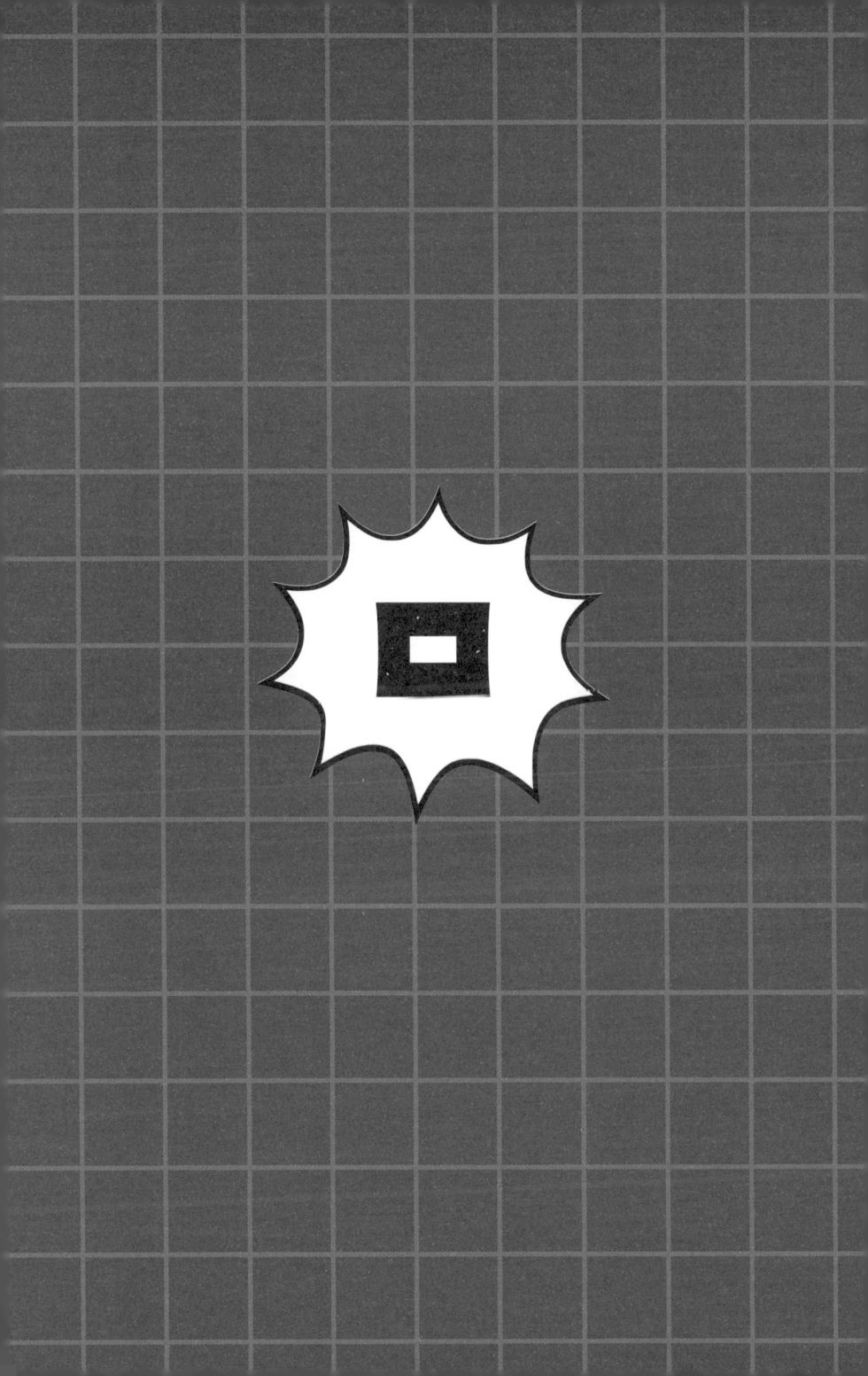

마약   痲藥

마취 작용을 하며, 오래 사용하면 중독 증상을 나타내는 물질을 '마약'이라 하는데, '마비될 마(痲)' '약 약(藥)'으로 몸과 정신을 마비시키는 약이라는 뜻이다. 아편, 모르핀, 코카인, 헤로인, 코데인, 페티딘, 메타돈, 엘에스디(LSD) 등이 마약인데, 의료에도 사용하긴 하지만 남용하면 심각한 부작용이 나타나기 때문에 취급 및 사용을 법률로 규제하고 있다. 마약을 장기간 사용하여 마약 없이는 정상적인 생활을 할 수 없게 된 상태를 마약 중독(痲藥中毒)이라 한다.

막역지우   莫逆之友

매우 친한 친구를 '막역지우'라 하는데 '없을 막(莫)' '거스를 역(逆)' '~의 지(之)' '벗 우(友)'로 어긋남이나 다툼이 없는 벗이라는 뜻이다.

만끽   滿喫

마음껏 먹고 마시는 일, 또는 욕망을 마음껏 충족하는 일을 '만끽'이라 하는데, '꽉 찰 만(滿)' '먹을 끽(喫)'으로 꽉 차게 먹었다는 뜻이다.

만삭   滿朔

아이 낳을 달이 다 되어 배가 부른 상태를 '만삭'이라 하는데, '꽉 찰 만(滿)' '달 삭(朔)'으로 달이 꽉 찼다는 뜻이다.

열 달을 다 채우지 못하고 여덟 달 만에 태어난 아이는 '여덟 팔(八)' '달 삭(朔)'을 써서 '팔삭(八朔)둥이'라 한다. 똑똑하지 못한 사람을 놀림조로 말할 때 쓰기도 한다.

망년회 忘年會

한 해를 보내면서 그해의 온갖 괴로움을 잊자는 뜻을 가지고 모이는 일을 '망년회'라고 한다. '잊을 망(忘)' '해 년(年)' '모임 회(會)'로 한 해의 괴로움을 잊어버리기 위해 갖는 모임이라는 뜻이다.

송년회도 같은 의미의 말인데, '보낼 송(送)' '해 년(年)' '모임 회(會)'로 한 해를 보내면서 갖는 모임이라는 뜻이다.

망명 亡命

정치적인 이유로 자기 나라에 있지 못하고 남의 나라로 도망치는 일을 '망명'이라 하는데 '망명도주'의 준말이다. '잃을 망(亡)' '목숨 명(命)' '달아날 도(逃)' '달릴 주(走)'로 목숨을 잃을까 염려되어 달아나고 달린다는 뜻이다.

매점매석 買占賣惜

물건 값이 오를 것을 예상하여 물건을 몽땅 사들인 후, 비싼 값을 받기 위해 창고에 쌓아 두고 비싸게 파는 일을 '매점매석'이라 한다. '살 매(買)' '차지할 점(占)' '팔 매(賣)' '아낄 석(惜)'으로 차지해서 사고 아끼면서 판다는 뜻이다.

몽땅 사서 창고에 쌓아 두면 시장에 물건이 없어 물건 값이 오르게 되고, 그때 비싸게 팔아서 이익을 보는 수법을 일컫는다.

맹목적   盲目的

주관이나 원칙 없이 덮어놓고 행동하는 것을 '맹목적'이라 하는데 '눈멀 맹(盲)' '눈 목(目)' '어조사 적(的)'으로 눈먼 눈으로 어떤 일을 한다는 뜻이다. 조건이나 상황을 고려하지 못하고, 옳고 그름도 따지지 않고 행동할 때 쓰는 표현이다. '기계적' '무비판적' '무조건적'과 비슷한 말이다. 글을 읽거나 쓸 줄을 모름을 문맹(文盲)이라 하고, 옳고 그름을 분별하지 않고 무작정 믿음을 맹신(盲信)이라 하며, 빛깔을 구별하지 못하거나 원 빛깔을 다른 빛깔로 잘못 보는 눈을 색맹(色盲)이라 한다.

　밤에 시력이 떨어지는 증상을 야맹증(夜盲症)이라 하고, 정상인이 느낄 수 있는 맛을 느끼지 못하거나 다른 맛으로 느끼는 상태를 미맹(味盲)이라 하며, 컴퓨터를 잘 다루지 못하는 사람을 컴맹(盲)이라 한다.

맹종   盲從

옳고 그름을 가리지 않고 남이 시키는 대로 덮어놓고 따라서 함을 '맹종'이라 하는데 '눈멀 맹(盲)' '따를 종(從)'으로 눈먼 상태에서 생각 없이 따른다는 뜻이다.

　'추종'도 비슷한 말인데 '좇을 추(追)' '따를 종(從)'으로 남의 뒤를 따라서 좇는다는 의미이다. 권력을 가진 사람의 말이나 자신이 동의하는 학설 등을 별 판단 없이 믿고 따를 때 쓰는 표현이다. 사상이나 학설, 교리 등을 옳다며 믿고 떠받든다는 '믿을 신(信)' '받들 봉(奉)'의 '신봉'도 비슷한 말이다.

면역력 　　　　　　　　　免疫力

외부에서 들어온 병원균에 저항하는 힘을 '면역력'이라 하는데 '벗어날 면(免)' '질병 역(疫)' '능력 력(力)'으로 질병에서 벗어나는 능력이라는 뜻이다.

명복 　　　　　　　　　　冥福

"삼가 고인의 명복을 빕니다."라고 하는데 '명복'은 '저승 명(冥)' '복 복(福)'으로 '저승에서 복 받기'라는 뜻이다.

명함 　　　　　　　　　　名銜

성명과 직함 등을 적은 종이쪽지를 '명함'이라 하는데 '이름 명(名)' '직함 함(銜)'으로 이름과 직함을 적은 종이쪽지라는 뜻이다. $6cm \times 8cm$ 크기의 사진을 명함판 사진이라 하고, $3cm \times 4cm$ 크기의 사진을 반명함판 사진이라 한다.

모조품 　　　　　　　　　模造品

다른 물건을 본떠서 만든 물건을 '모조품'이라 하는데 '본뜰 모(模)' '만들 조(造)' '물건 품(品)'으로 본떠서 만든 물건이라는 뜻이다. '거짓 위(僞)'를 써서 '위조품'이라고도 한다.

목례   目禮

허리가 아닌 목을 굽혀서 하는 인사이기에 '목례'라 하는 줄 알았
는데, 아니었다. '목례'의 '목'이 머리와 몸통을 잇는 잘록한 부분
인 '목'이 아니라 사물을 보는 기능을 가진 '눈 목(目)'이었다. '눈
목(目)' '예절 예(禮)'로 눈짓으로 가볍게 하는 예절 갖춤이 '목례(目
禮)'였다.

　　오른손을 눈썹 언저리에 올리거나, 모자를 썼을 때 모자챙 옆
에 올려서 하는 경례를 '거수경례'라고 하는데 '들 거(擧)' '손 수
(手)' '공경 경(敬)' '예절 예(禮)'로 손을 들어서 하는 공경의 예절이
라는 뜻이다. '수인사하다'라는 말은 '손 수(手)'가 아니라 '닦을 수
(修)'로 '인사를 닦다', '인사를 차리다', '사람으로서 할 수 있는 일
을 다하다'라는 뜻이다.

몰입   沒入

어떤 대상에 깊이 파고들거나 빠지는 일을 '몰입'이라 하는데 '빠
질 몰(沒)' '들어갈 입(入)'으로 빠져서 들어간다는 뜻이다. 몰두(沒
頭), 열중(熱中), 집중(集中)도 비슷한 말이다.

관련 어휘

#몰두(沒頭):어떤 일에 온 정신을 다 기울여 열중함.

#열중(熱中):한 가지 일에 정신을 쏟음.

#집중(集中):한곳을 중심으로 하여 모임.

무궁화　　　　　　　　　　　　　　　無窮花

피고 지고 또 피기 때문에 '무궁화'라 했다. '없을 무(無)' '다할 궁(窮)' '꽃 화(花)'로 다함이 없이 피는 꽃이기에 '무궁화'였다. 한 송이가 지면 다른 송이가 피고 또 한 송이가 지면 다른 송이가 핀다. 그래서 7월에서 10월 사이, 무려 100일 동안 계속 꽃이 핀다.

'화무십일홍'이라는 말이 무궁화에는 적용되지 않는다. 화무십일홍이 무슨 뜻이냐고? '꽃 화(花)' '없을 무(無)' '열 십(十)' '날 일(日)' '붉을 홍(紅)'으로, 꽃 중에 10일 동안 붉은 것은 없다는 뜻이다. 번성한 것은 언젠가 반드시 쇠하게 된다는 이야기다.

무마　　　　　　　　　　　　　　　　撫摩

분쟁이나 사건 등을 어루만져 달래거나 어물어물 덮어 버리는 일을 '무마'라 하는데 '어루만질 무(撫)' '문지를 마(摩)'로 어루만지고 문질러서 없었던 일로 만들어 버린다는 뜻이다.

무산　　　　　　　　　　　　　　　　霧散

어떤 일이 성사되지 못하여 없었던 일처럼 흐지부지되는 것을 '무산'이라 하는데 '안개 무(霧)' '흩어질 산(散)'으로 안개처럼 흩어져 없어졌다는 뜻이다.

무위도식　　　　　　　　　　　　　無爲徒食

하는 일 없이 먹고 노는 일을 '무위도식'이라 하는데 '없을 무(無)' '할 위(爲)' '다만 도(徒)' '먹을 식(食)'으로, 하는 일 없이 다만 먹기

만 한다는 뜻이다. 일하지 않고 빈둥빈둥 놀고먹는 게으른 생활을
일컫는다.

묵념 　　　　　　　　　　　　　　　　黙念

'묵념'은 '말 없을 묵(黙)' '생각 념(念)'이다. 말없이 생각하자, 말없
이 추모(追慕)하자는 의미이다. 순국선열에 대한 '묵념'을 할 때 쓰
인다.

　'목숨 바칠 순(殉)' '나라 국(國)'의 '순국'은 나라 위해 목숨을 바
치는 일이고, '조상 선(先)' '절개 굳을 렬(烈)'의 '선열'은 나라를 위
해 일하다가 돌아가신 절개 굳은 조상이다.

관련 어휘

#추모(追慕):죽은 사람을 그리며 생각함.

묵비권 　　　　　　　　　　　　　　　黙秘權

피고인이나 피의자가 자기에게 불리한 진술을 거부하고 침묵할
수 있는 권리를 '묵비권'이라고 한다. '말 없을 묵(黙)' '숨길 비(秘)'
'권리 권(權)'으로 아는 것을 말하지 않고 숨길 수 있는 권리라는
뜻이다. 진술 거부권(陳述拒否權)이라고도 한다.

묵시 　　　　　　　　　　　　　　　　黙示

말이나 행동으로 드러내지 않고 은연중에 뜻을 나타내 보임을 묵
시라 하는데, '말 없을 묵(黙)' '보일 시(示)'로 말없이 생각을 보여

준다는 뜻이다. '어두울 암(暗)'을 써서 '암시'라고도 하고, '일깨워 줄 계(啓)'를 써서 '계시'라고도 한다.

문신 文身

살갗을 바늘로 찔러 먹물이나 다른 물색을 넣는 일을 '문신'이라 하는데 '글자 문(文)' '몸 신(身)'으로 몸에 새긴 글자라는 뜻이다. '문(文)'은 '글' '글자'라는 의미로 많이 쓰이지만 '그림' '무늬'라는 의미로도 쓰이기에 몸에 새긴 글씨뿐 아니라 몸에 새긴 그림이나 무늬까지 '문신'이라 하는 것이다.

문화 文化

사회 구성원에 의하여 습득, 공유, 전달되는 행동 양식이나 생활 양식의 과정 및 그 과정에서 이룩하여 낸 물질적 정신적 소득을 '문화'라 한다. 문화는 의식주를 비롯하여 언어, 풍습, 종교, 학문, 예술, 제도 등을 포함하는 개념이다. '문화'는 '글 문(文)' '될 화(化)'로 글로 변화시켜 놓은 결과라는 뜻으로 해석해 본다. '문명'도 같은 뜻이냐고? '글 문(文)' '밝을 명(明)'의 '문명'은 '글로 인해 밝아진 세상'이라는 뜻, 아닐까? '문화'와 '문명' 둘 다 인간이 자연 상태에서 벗어나 물질적 정신적으로 진보한 상태를 뜻하니까 같다고 볼 수도 있지만 구별하여 쓰는 게 일반적이다.

학문, 종교, 도덕, 예술 등 정신적인 움직임은 '문화'라 하고, 공업, 기술 등 물질적인 움직임은 '문명'이라 하는 것이다. '토론 문화'라 하고, '기술 문명'이라 하는 이유다.

미상   未詳

알려지지 않은 일, 또는 확실하지 않고 분명하지 않은 일을 '미상'
이라 하는데 '아닐 미(未)' '자세할 상(詳)'으로 자세하지 않다는 뜻
이다.

미음   米飮

'미음'이 '죽'이고 '죽'이 '미음'인 줄 알았는데, 아니었다. 죽(粥)은
곡식을 오래 끓여 알갱이가 흠씬 무르게 만든 음식이다. 쌀에 다
른 재료를 넣어 끓이기도 한다. 삶은 팥을 으깨어 체에 거른 물에
쌀을 넣고 쑤면 팥죽이고, 전복에 쌀을 넣고 쑨 죽은 전복죽이며,
녹두를 삶아 걸러서 쌀을 넣고 끓여 쑨 죽은 녹두죽이다. '미음'은
'쌀 미(米)' '마실 음(飮)'으로 쌀을 마시도록 만든 음식이라는 뜻이
다. 쌀이나 좁쌀에 물을 충분히 붓고 푹 끓여 체에 걸러 마시듯 먹
는 음식이다.
　죽은 물의 양이 쌀의 5~6배라면 미음은 물의 양이 쌀의 10배
정도이다. 그렇기에 미음은 어린아이나 오랫동안 식사를 하지 못
해 소화 기능이 많이 떨어진 환자가 먹고, 죽은 소화 기능이 어느
정도 회복된 환자가 먹는다.

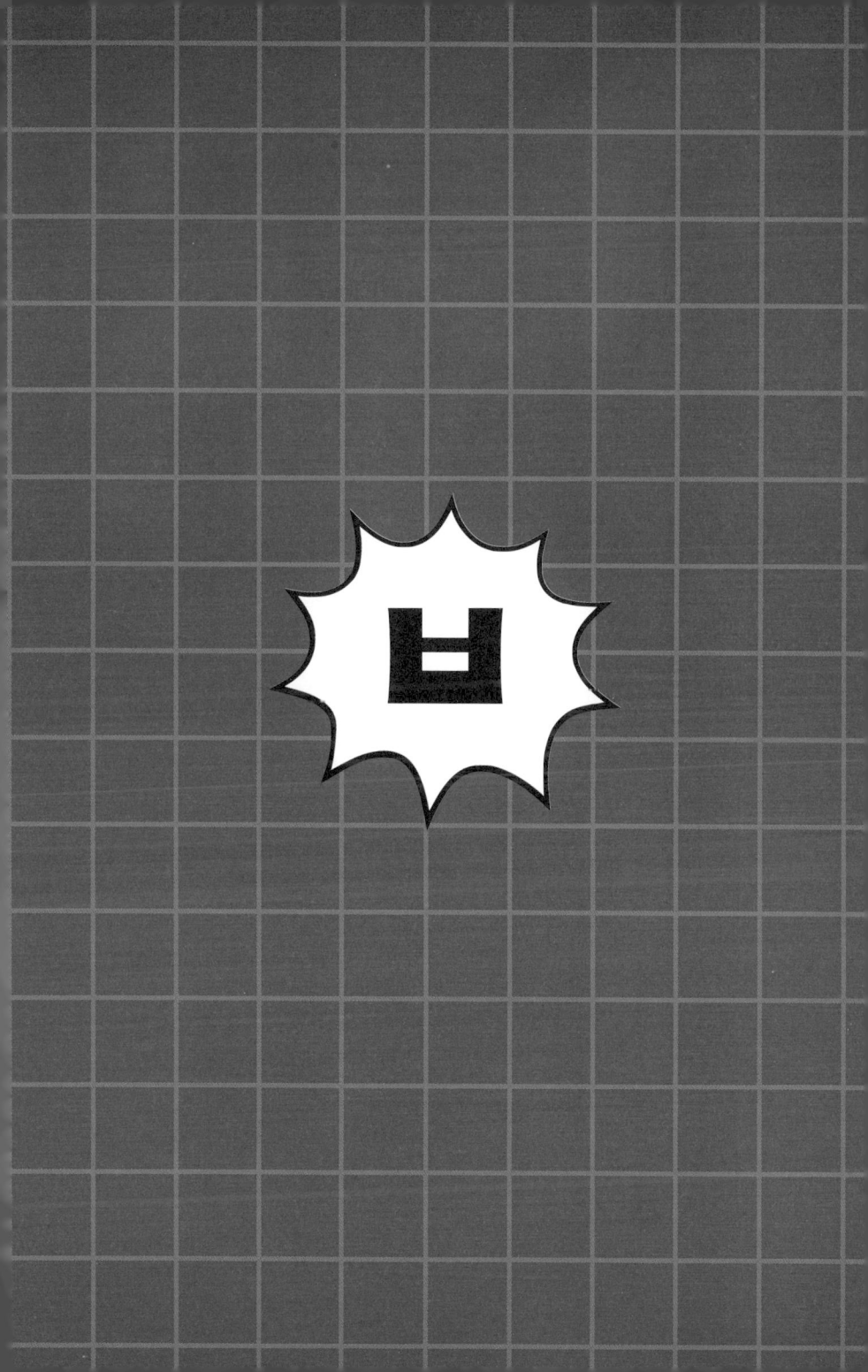

박람회 博覽會

'박람회'는 '넓을 박(博)' '볼 람(覽)' '모임 회(會)'로 널리 보도록 만든 모임이라는 뜻이다. 산업이나 기술 등의 발전을 위하여 농업, 공업, 상업 등에 관한 물품을 모아 일정 기간 여러 사람에게 보이는 모임이다. 생산물의 개량 발전 및 산업 진흥을 목적으로 한다.

반도체 半導體

열이나 전기를 전하는 물체는 '이끌 도(導)' '물체 체(體)'의 '도체'고, 열이나 전기를 전하지 못하는 물체는 '아니 부(不)'가 더해진 '부도체'다. 전기를 전하는 성질이 도체와 부도체의 중간 정도인 것은 '반절 반(半)'의 '반도체'다. 전기를 반절만 전달하는 물체라는 뜻이다.

반도체(半導體)는 낮은 온도에서는 부도체(不導體)에 가까우나 온도를 높이면 전기 전도성이 높아져 도체(導體)에 가까워진다. 반도체는 전류를 흐르게 할 수도 있고 전류의 흐름을 조절할 수도 있기에 트랜지스터, 집적 회로 같은 전자 소자를 만드는 데 쓰인다.

반언어적 半言語的

말의 강약, 높낮이, 억양, 어조, 가락으로 생각이나 느낌을 표현하는 것을 '반언어적 표현'이라 한다. 이와 달리 표정, 손짓, 몸짓, 시선, 자세로 생각이나 느낌을 표현하는 것은 '비언어적 표현'이다.

강약, 높낮이, 억양, 어조, 가락은 입으로 나오는 소리이기에 언어라 할 수 있지만 의미는 없기에 온전한 언어가 아닌 반절만 언어라는 뜻으로 '반절 반(半)'을 써서 반언어(半言語)라 하는 것이고, 표정, 손짓, 몸짓, 시선, 자세 등은 입에서 나오는 소리가 아니기에 언어라 할 수 없어 '아닐 비(非)'를 써서 비언어(非言語)라고 하는 것이다.

발군　　　　　　　　　　　　　　拔群

매우 뛰어남을 '발군'이라 하는데, '뽑을 발(拔)' '무리 군(群)'으로 여러 무리의 사람 중에서 뽑혔다는 뜻이다.

　근본을 뽑아 버리고 근원을 막아 냄은 '근본 본(本)' '막을 색(塞)' '근원 원(源)'의 '발본색원'이고, 요점을 뽑아서 모아 놓음은 '뽑을 발(拔)' '모을 췌(萃)'의 '발췌'다. 여럿 가운데 가려서 뽑아냄은 '가릴 선(選)'의 '선발'이다.

발인　　　　　　　　　　　　　　發靷

상여가 빈소를 떠나 묘지나 화장터로 떠나는 일을 '발인'이라 하는데 '떠날 발(發)' '잡아당길 인(靷)'으로 상여가 떠날 수 있도록 잡아당긴다는 뜻이다. '빈소'는 상여가 나갈 때까지 관을 놓아두는 곳이다.

방관　　　　　　　　　　　　　　傍觀

어떤 일에 직접 나서서 관여하지 아니하고 곁에서 보기만 하는 것을 '방관'이라 하는데 '곁 방(傍)' '볼 관(觀)'으로 곁에서 보고만 있다는 뜻이다. 방임(放任), 관망(觀望)도 비슷한 말이다.

'방약무인'은 '곁 방(傍)' '같을 약(若)'으로 곁에 사람이 없는 것처럼 행동한다는 뜻이다. 주위에 있는 다른 사람을 전혀 의식하지 않고 제멋대로 행동하는 것을 나무랄 때 쓰는 표현이다.

방귀 放氣

항문으로 나오는 구린내가 나는 기체를 '방귀'라고 하는데, '내쫓을 방(放)' '공기 기(氣)'로 몸에 있는 나쁜 공기를 내쫓는다는 의미이다.

음식 섭취와 함께 들어간 공기가 장 속의 음식물이 발효되면서 생겨난 기체와 혼합되어 항문으로 나오는 것이다. 한자어 표기로는 '방기'인데 '방귀'를 표준어로 하고 있다.

방류 放流

가두어 놓은 물이나 액체 등을 흘려 내보내는 일을 '방류'라고 한다. '놓을 방(放)' '흘릴 류(流)'로 놓아 버리고 흘려보낸다는 뜻이다.

물고기를 기르기 위하여 어린 새끼 고기를 강물에 놓아준다는 뜻으로도 쓰인다.

방명록 芳名錄

'꽃다울 방(芳)' '이름 명(名)'의 '방명'은 꽃다운 이름이라는 뜻이다. 남의 이름을 높여 일컬을 때 쓴다. '록'은 '기록할 록(錄)'이다. 그러니까 방명록은 참여하거나 찾아온 사람들을 특별히 기념하기 위하여 그 사람들의 이름을 적어 놓는 기록이다.

좋은 냄새로 기분을 상쾌하게 하는 약제인 방향제(芳香劑), 꽃이 화사하게 핀 것처럼 좋은 때라는 방년(芳年), 꽃다운 이름이 후세에 길이 전한다는 유방백세(流芳百世)에서의 '방'도 '꽃다울 방(芳)' 이다.

배금주의　　　　　　　　　　拜金主義

'배금주의에 물들어 있다.' '배금주의에 빠진 현대인들'이라는 이야기를 듣는다. '배금'은 '절할 배(拜)' '돈 금(金)'으로 돈에 절한다는 뜻이다. 세배, 백배사죄, 숭배, 예배, 참배, 삼보일배 등에서의 '배'도 '절할 배(拜)'다.

배낭　　　　　　　　　　　　　背囊

물건을 넣어서 등에 질 수 있도록 헝겊이나 가죽 등으로 만든 가방을 '배낭'이라 하는데 '등 배(背)' '주머니 낭(囊)'으로 등에 짊어지는 주머니라는 뜻이다. '배낭여행'은 배낭을 등에 지고 다니는 여행이라는 뜻이지만 최소한의 경비를 들여서 하는 여행을 일컫는 경우가 많다.

배임죄　　　　　　　　　　　　背任罪

남의 사무를 맡아보는 사람이 그 임무에 어긋나는 행위를 하여 임무를 맡긴 사람에게 손해를 입히는 죄를 '배임죄'라 하는데 '배반할 배(背)' '임무 임(任)' '죄 죄(罪)'로, 임무를 배반한 죄라는 뜻이다.

백년가약 　　　　　　　百年佳約

남녀가 결혼하여 평생을 함께 지낼 것을 다짐하는 약속을 '백년가약'이라 하는데 '일백 백(百)' '해 년(年)' '아름다울 가(佳)' '약속할 약(約)'으로 평생을 함께하자는 아름다운 약속이라는 뜻이다. '함께 해(偕)' '늙을 로(老)'의 '백년해로'는 백 년(평생)을 부부로서 함께 행복하게 늙어 간다는 뜻이다.

백반 　　　　　　　　　白飯

음식점에서 흰밥에 국과 몇 가지 반찬을 끼워 파는 한 상의 음식 차림을 '백반'이라 하는데 '흰 백(白)' '밥 반(飯)'으로 흰밥이라는 뜻이다. 옛날에는 반찬보다 밥이 식사의 중심이었기에 '백반'이라고 이름을 붙였다. 쌀과 보리와 밀이 식생활의 중심이었기에 쌀, 보리, 밀을 '중심 주(主)'를 써서 주식(主食)이라 하고 반찬은 '버금 부(副)'를 써서 부식(副食)이라 한다. 버금가는 두 번째 음식이라는 뜻이다.

백숙 　　　　　　　　　白熟

닭, 고기, 생선 등을 양념하지 않고 맹물에 푹 삶아 익혀 만든 음식을 '백숙'이라 하는데, '하얀 백(白)' '익을 숙(熟)'으로 하얗게 익혀 만든 음식이라는 뜻이다. 탕 음식은 보통 고춧가루나 고추장을 넣어 빨갛게 만드는데, 고춧가루나 고추장을 넣지 않고 하얗게 요리하였기에 '백숙'이라 이름 붙인 것이다.

　반쯤 익힌 음식은 반숙(半熟), 완전하게 익은 음식이나 과일은 완숙(完熟), 곡식이나 과일 등이 일찍 익은 상태는 조숙(早熟)이다. '조숙'은 나이에 비하여 정신적 육체적으로 발달이 빠르다는 의미로도 많이 쓰인다.

백지화　　　　　　　　　　　白紙化

백지화시켜야 한다느니 계획을 백지화하였다느니 하는데, '흰 백 (白)' '종이 지(紙)' '될 화(化)'의 '백지화'는 흰 종이와 같은 상태가 되도록 하였다는 뜻이다. 어떠한 일을 하기 이전의 상태가 되도록 할 때, 또는 그런 상태로 돌릴 때 쓰는 표현이다.

법당　　　　　　　　　　　　法堂

불상(佛像)을 모시고 설법(說法)도 하는 곳으로 사찰에서 가장 중심이 되는 공간을 '법당'이라 한다.

　'당'이 '집 당(堂)'인 줄은 알겠는데, 왜 '법 법(法)'을 쓰는 거냐고? '법(法)'이 헌법, 형법, 민법, 상법에서처럼 사회생활을 유지하기 위하여 국가가 제정하고 채택된 규범이라는 의미로 많이 쓰이지만, '부처의 가르침, 불교의 진리'라는 의미로도 쓰이기 때문이다. '법당'은 부처의 가르침, 불교의 진리를 깨우치는 집이라는 뜻인 것이다.

법인   法人

법에 의해 권리와 의무의 주체가 될 수 있는 집단이나 단체를 '법인'이라 하는데 '법 법(法)' '사람 인(人)'으로 '법적으로 사람'이라는 뜻이다.

   일정한 목적에 바친 재산을, 개인 소유로 하지 아니하고 독립된 것으로 운영하기 위하여 법률적으로 구성된 법인을 '재단 법인(財團法人)'이라 하는데 모여진 재산을 법적으로 사람처럼 인정하는 모임이다.

   법률에 의하여 법률적인 권리와 의무의 주체로 인정받은 법인을 사단 법인(社團法人)이라 하는데 '사단'은 '모일 사(社)' '모일 단(團)'으로 특정한 목적을 위하여 두 사람 이상이 결합하여 설립한 단체다.

변명   辨明

어떤 잘못이나 실수에 대하여 이런저런 구실을 대며 까닭을 말하는 것을 '변명'이라 하는데 '분별할 변(辨)' '밝힐 명(明)'으로 분별하여 이유를 밝혀 간다는 뜻이다.

   부정적 의미로 많이 쓰이지만 옳고 그름을 가려 사리를 밝힌다는 긍정적 의미로도 쓰인다.

변비   便秘

'변비'는 '똥 변(便)'에 '숨길 비(秘)'로 '똥이 숨겨져 있는 상태'라는 뜻이다. 똥이 몸 밖으로 배설되지 아니하고 몸속에 숨겨져 있는 상태, 똥이 잘 나오지 않는 상태를 말한다.

변이   變異

같은 종류의 개체 사이에서 형질이 달라지는 것, 또는 일정 범위 내에서 모양이나 성질이 달라지는 것을 '변이'라 하는데 '변할 변(變)' '다를 이(異)'로 변하여서 다르게 된다는 뜻이다.

생물의 형질에 어버이의 계통에 없던 새로운 형질이 갑자기 출현하는 현상을 돌연변이(突然變異)라 한다.

변호사   辯護士

소송 당사자나 관계되는 사람의 의뢰를 받고 피고나 원고를 변론하는 사람을 '변호사'라 하는데 '말 잘할 변(辯)' '보호할 호(護)' '재능 있는 사람 사(士)'로 말을 잘해서 의뢰인을 보호해 주는 재능 있는 사람이라는 뜻이다.

별미   別味

다른 곳에서는 맛보기 어려운 특별히 좋은 맛을 '별미'라 하는데 '다를 별(別)' '맛 미(味)'로 보통의 맛과 다른 맛이라는 뜻이다.

다른 이름이기에 별명(別名)이고, 원래 사는 집 외에 달리 마련한 집이기에 별장(別莊)이며, 다른 곳에서 살기에 별거(別居)다.

다른 세상이기에 별천지(別天地)고, 다른 집이기에 별관(別館)이며, 본채와 따로 떨어져 있는 집이나 방이기에 별당(別堂)이다.

윗사람이 세상 떠남을 별세(別世)라 하는데, 이 세상에서 저세상으로 갔다는 뜻이다.

별정직   別定職

비서관이나 비서 등 특정한 업무 수행을 위하여 법령에서 별도로 지정하는 공무원을 '별정직'이라 하는데, '다를 별(別)' '정할 정(定)' '관직 직(職)'으로 일반 공무원과 다르게 정해 놓은 관직이라는 뜻이다.

보세품   保稅品

세금 납부가 보류된 물품, 또는 가공 과정에서 흠이 생기거나 규격에 맞지 않은 불량 물품을 '보세품'이라 하는데 '보류할 보(保)' '세금 세(稅)' '물건 품(品)'으로 세금의 부과가 보류(면제)된 물건이라는 뜻이다. 세금이 부과되지 않기에 당연히 가격이 저렴하다.

보수   保守

'보전할 보(保)' '지킬 수(守)'의 '보수'는 보전하여 지킨다는 뜻이고, '나아갈 진(進)' '걸음 보(步)'의 '진보'는 지금까지 없던 새로운 길로 걸어간다는 뜻이다.

새로운 것이나 변화를 적극적으로 받아들이기보다는 전통적인 것을 옹호하며 유지하려는 경향은 보수(保守)이고, 사회의 변화나 발전을 추구하는 경향은 진보(進步)인 것이다.

보수 세력을 우파(右派)라 하고 진보 세력을 좌파(左派)라 하는데 1789년 프랑스 혁명 직후 소집된 국민의회에서 의장석에서 볼 때 오른쪽에 보수 세력이 앉고, 왼쪽에는 진보 세력이 앉았기 때문이었다고 한다.

보안림 保安林

사회의 안녕과 질서 유지를 위한 하나의 방법으로 산을 다스리고 물을 다스려 왔었는데, 이를 '다스릴 치(治)'를 써서 '치산치수(治山 治水)'라 하였다. 치산치수를 위해 보호되고 있는 나무를 '보안림'이라 하는데 '보호할 보(保)' '편안할 안(安)' '수풀 림(林)'으로 삶을 보호하고 편안하게 만들기 위한 숲이라는 뜻이다.

보우 保佑

"하느님이 보우하사 우리나라 만세"에서의 '보우'는 '지킬 보(保)' '도울 우(佑)'로 지키고 도와준다는 뜻이다. '보호(保護)'가 지켜 준다는 의미인 데 비해 '보우(保佑)'는 지켜 주고 도와준다는 의미인 것이다.

마지막 구절 "길이 보전하세"에서의 '보전'은 '지킬 보(保)' '온전할 전(全)'으로 '온전하게 지키고 보호하여 유지한다'라는 뜻이다. '있을 존(存)'의 '보존'은 구체적이고 실체가 있는 대상을 보호한다는 뜻이고, '온전할 전(全)'의 '보전'은 관념적이고 무형적인 대상을 보호한다는 뜻이다.

보험 保險

장차 발생할 수 있는 불행한 일에 대비하여 미리 일정한 돈을 내게 하고, 약정된 조건이 성립하면 그에 맞는 일정 금액을 지급하는 제도를 보험이라 한다. '보호할 보(保)' '위험할 험(險)'으로 위험에 처하였을 때 보호해 준다는 의미이다.

'공제'라고도 하는데 '함께 공(共)' '구제할 제(濟)'로 여럿이 함께 위험에 처한 사람을 구제해 준다는 뜻이다. 여러 사람이 돈을 모아서 사고를 당한 한 사람에게 줌으로써 어려움을 이기도록 해 주는 일을 일컫는다.

복권 福券

제비를 뽑아 당첨되면 상금이나 어떤 이득을 받게 되는 표를 '복권'이라 하는데, '복 복(福)' '문서 권(券)'으로 복을 가져다주는 문서라는 뜻이다.

복도 複道

건물 안의 긴 통로, 건물과 건물 사이에 비나 눈 등을 맞지 않고 다닐 수 있도록 지붕을 씌워 만든 통로를 복도라 하는데, '겹칠 복(複)' '길 도(道)'로 겹치는 길이라는 뜻이다. 한 사람, 한 가족, 한 반의 아이들만 사용하는 길이 아니라 여러 사람이 겹쳐서 사용할 수 있는 길이라서 복도라고 하는 것이다.

복전함 福田函

절에 가면 '복전함'을 볼 수 있는데 '복 복(福)' '돈 전(錢)' '상자 함(函)'인 줄 알았다. 그런데 아니었다. '돈 전(錢)'이 아니라 '밭 전(田)'이었다. '복전(福田)'이 복을 거두는 밭이라는 뜻이기에 '복전함'은 신도들이 복전을 위해 쓰도록 바치는 돈을 모으려는 목적으로 만든 상자인 거다. 불전함(佛錢函), 보시함(布施函)이라고도 한다.

봉건주의   封建主義

왕이 절대 권력을 가지고 일반 백성을 종처럼 다스리는 방식을 '봉건주의'라 하는데, '봉할 봉(封)' '세울 건(建)'으로 제후를 봉하여 토지를 주고 그 지역의 통치권을 새워간다는 뜻이다.

제후들은 왕에게 잘 보여 권력을 유지하고 싶었고 그러기 위해서는 백성들을 쥐어짜야만 했다. 이런 상황에서 왕이나 제후는 부귀영화를 누렸지만 백성들은 고통에서 벗어날 수 없었다. '봉건주의'가 백성을 종처럼 다스리는 권위주의적인 사고방식이라는 의미로 쓰이는 이유이다.

반봉건주의(反封建主義)는 봉건 사회의 지배 이념에 반대한다는 뜻으로, 권력자가 절대 권력을 이용하여 시민들을 종속시켜 다스리는 방식에 반대하는 사상이다. 봉건제도를 나쁜 제도로 평가하면서 비난하는 이유는, 임금이 절대 권력을 가지고 제후를 지배했고 제후는 자신의 권력을 유지하기 위해 백성들을 철저하게 지배하여 백성들은 인권도 보장받지 못한 채 고통받았기 때문이다.

봉급   俸給

직장에서 일하는 사람이 일한 대가로 정기적으로 받는 일정한 보수를 '봉급'이라 한다. '급료 봉(俸)' '줄 급(給)'으로 급료로 주는 돈이라는 뜻이다.

'달 월(月)'의 '월급'은 한 달 단위로 지급하는 급료이고, '해 년(年)'의 '연봉'은 일 년 동안에 받는 봉급의 총액이다. '주급'은 한 주일을 단위로 하여 지급하는 급료이고, '일급'은 하루를 단위로 하여 지급하는 급료다.

봉변 逢變

"봉변이나 당하지 않을까 걱정이다.", "세상에 이런 봉변이 있나!"
라는 말을 듣는다. '만날 봉(逢)' '변고 변(變)'의 '봉변'은 이전에 없
었던 변고를 만난다는 뜻이다. 뜻밖의 사고나 망신스러운 일을 당
했을 때 쓰는 표현이다.

부동표 浮動票

선거에서, 특정한 후보자나 정당을 지지하지 않아 그때그때의 정
세나 분위기에 따라 변화할 가능성이 있는 표를 '부동표'라 하는
데, '뜰 부(浮)' '움직일 동(動)' '표 표(票)'로 떠서 움직이는 표라는
뜻이다. 누구를 찍을지 결정되지 않은 표가 '부동표'인 것이다.

부부 夫婦

남편과 아내를 '부부'라 하는데 앞의 '부'는 '남편 부(夫)'고 뒤의
'부'는 '아내 부(婦)'이다. 아내가 있는 남자는 '있을 유(有)' '아내
부(婦)' '사내 남(男)'의 유부남이고, 남편이 있는 여자는 '있을 유
(有)' '남편 부(夫)' '여자 녀(女)'의 유부녀다.

부실 不實

몸, 마음, 행동 등이 튼튼하지 못하고 약함, 또는 내용이 실속 없
고 충분하지 못함을 '부실'이라 하는데 '못할 불(不)' '튼튼할 실
(實)'로 튼튼하지 못하다는 뜻이다.

부심　　　　　　　　　　　　　　　　腐心

해결책을 찾느라 온통 마음 쓰는 일을 '부심'이라 하는데 '썩을 부(腐)' '마음 심(心)'으로 근심이나 걱정 등으로 마음을 썩게 한다는 뜻이다.

부양가족　　　　　　　　　　　　扶養家族

배우자, 자녀, 부모, 형제 등 자기가 돌보고 있는 가족을 '부양가족'이라 하는데, '도울 부(扶)' '기를 양(養)'으로 도와주고 길러 주어야 하는 가족이라는 뜻이다. '당할 피(被)'가 덧붙여진 '피부양가족'은 부양을 당하는 가족이라는 뜻으로 부양을 받는 가족이다.

부영양화　　　　　　　　　　　　富營養化

더러운 물이 호수나 강이나 연안 등에 흘러들어, 이것을 양분 삼아 플랑크톤이 비정상적으로 번식하여 수질이 오염되는 것을 '부영양화'라 하는데, '많을 부(富)' '될 화(化)'로 영양(營養)이 많아지게 되었다는 뜻이다.

부작용　　　　　　　　　　　　　　副作用

"부작용 실태를 조사하였다.", "부작용을 최소화해야 한다."라는 말을 듣곤 한다. '부'는 '버금 부(副)'인데 '버금'은 '으뜸 되는 것의 바로 아래' '2등'이라는 뜻이다. '부작용(副作用)'은 어떤 일에 부수적으로 일어나는 바람직하지 못한 일을 말한다. 부회장, 부수입, 부업, 부식, 부산물, 부상, 부사관, 부심 등에서의 '부'도 '버금 부(副)'다.

부정맥 不整脈

'바르지 않다'라는 의미의 '아니 부(不)' '바를 정(正)'의 '부정'이 있고, '그렇지 않다고 생각한다'라는 '아니 부(否)' '정할 정(定)'의 '부정'도 있으며, 깨끗하지 못하다는 '아니 부(不)' '깨끗할 정(淨)'의 '부정'도 있다. 심장 박동이 고르지 못한 불규칙한 상태를 '부정맥'이라 하는데 '아니 부(不)' '가지런할 정(整)' '맥박 맥(脈)'으로 맥박 뛰는 것이 가지런하지(규칙적이지) 않다는 뜻이다.

부존자원 賦存資源

'줄 부(賦)'에 '존재할 존(存)'을 쓴 '부존자원'은 '하늘이 주어서 존재하는 자원'이라는 뜻이다. 경제적 목적에 이용할 수 있는 모든 천연자원(天然資源)을 일컫는다.

부창부수 夫唱婦隨

남편이 주장하면 아내가 이에 잘 따라서 부부가 잘 화합하는 도리를 부창부수라 한다. '남편 부(夫)' '노래할 창(唱)' '아내 부(婦)' '따를 수(隨)'로 남편이 노래하니 아내가 따라서 노래한다는 뜻이다.

부합 符合

"교육 개혁에 부합하는 인물이다.", "현실에 부합하는 좋은 정책이다."에서의 '부합'은 '들어맞을 부(符)' '일치할 합(合)'으로 들어맞아 일치한다는 뜻이다. 사물이나 현상이 서로 꼭 들어맞았을 때 쓰는 표현이다.

부화뇌동   附和雷同

뚜렷한 소신 없이 그저 남이 하는 대로 따라 움직이는 태도나 행동을 '부화뇌동'이라 하는데, '붙을 부(附)' '화합할 화(和)' '천둥 뇌(雷)' '한가지 동(同)'으로 다른 사람의 생각에 화합하여(붙어서) 따라가고 천둥소리처럼 함께 소리를 낸다는 뜻이다.

    '중오필찰중호필찰(衆惡必察衆好必察)'이라는 말이 있다. 여러 사람이 미워하더라도 반드시 살펴야 하고, 여러 사람이 좋아하더라도 반드시 살펴야 한다는 뜻이다. 사람들이 좋아하고 싫어하는 것을 따라서 부화뇌동하지 말고 자신이 직접 살펴서 판단해야 한다는 의미이다.

분수령   分水嶺

어떤 일이 전혀 다른 단계로 넘어가는 전환점, 또는 발전 과정에 있는 결정적인 고비를 비유적으로 이르는 말이 '분수령'인데 '나눌 분(分)' '물 수(水)' '산마루 령(嶺)'으로 물을 나누는 산마루라는 뜻이다.

관련 어휘

#산(山)마루: 산등성이의 가장 높은 곳.

분양   分讓

토지나 건물 등을 각각 나누어 파는 일, 또는 전체를 여러 부분으로 갈라서 여럿에게 나누어 넘겨주는 일을 '분양'이라 하는데 '나눌 분(分)' '넘겨줄 양(讓)'으로 나누어서 넘겨준다는 뜻이다.

분필   粉筆

'필(筆)'은 '붓'이라는 뜻인데 의미가 확장되어 '필기구'로 많이 쓰인다. '가루 분(粉)'을 쓴 '분필'은 가루로 만든 필기구다. 분식, 분유, 분말, 제분에서의 '분'도 '가루 분(粉)'이다. 분필을 '백묵'이라고도 하는데, '흰 백(白)' '먹 묵(墨)'으로 하얀 먹이라는 뜻이다.

    흑연으로 만들었기에 연필(鉛筆)이고, 오래 쓸 수 있는 필기구이기에 만년필(萬年筆)이며, '볼(ball)'이 들어 있기에 볼펜(ball pen)이다.

분향   焚香

죽은 사람을 위해 향 피우는 일을 '분향'이라 하는데 '태울 분(焚)' '향기 향(香)'으로 태워서 향기를 만든다는 뜻이다.

    '수풀 림(林)' 밑에 '불 화(火)'가 쓰인 '焚'은 '나무(木)를 쌓아 놓고 밑에서 불(火)을 붙인다는 의미이기에 '태울 분(焚)'이다. '벼 화(禾)'에 '태양 일(日)'이 더해진 한자인 '香'은 벼(禾)가 태양(日)을 만나면 향기가 만들어진다는 의미이기에 '향기 향(香)'이다.

불사   不辭

"아들을 구하기 위해 죽음을 불사하고 불속으로 뛰어들었다."라고 할 때의 '불사'는 '아니 불(不)' '사양할 사(辭)'로 사양하지 않는다는 뜻이다. 기꺼이 하겠다, 마다하지 않겠다는 이야기다.

불심 검문   不審檢問

'검문'은 '검사할 검(檢)' '물을 문(問)'으로 검사하기 위하여 따져 묻는 일이다. '불심'은 '아니 불(不)' '자세히 밝힐 심(審)'으로 자세하게 밝혀지지 못하였다는 뜻이다. 그러므로 '불심 검문'은 경찰관이 자세하게 밝혀지지 않은 사람을 대상으로 검사하고 물어보는 일이다. 죄를 범하였을 거라 의심되는 사람에게 이것저것 묻는 일을 말한다. 범인 체포, 범죄 예방, 정보 수집 등을 목적으로 한다.

불야성   不夜城

등불이나 네온사인 등이 환하게 켜져 있어서 밤중에도 대낮같이 밝은 상태, 또는 환락가나 번화가의 밤 풍경을 '불야성'이라 한다. '없을 불(不)' '밤 야(夜)' '도시 성(城)'으로 '밤이 없는 도시'라는 뜻이다.

불우   不虞

"불우 이웃을 도와야 한다"에서의 '불우'는 '아니 불(不)' '만날 우(遇)'로 만나지 못하였다는 뜻이다. 사람을 만나지 못하고, 때를 만

나지 못하여서 사정이 좋지 못하다는 이야기다. 살림이나 처지가
딱하고 어려울 때, 재능이나 포부를 가지고 있으면서도 때나 사람
을 만나지 못하여서 뜻을 펼치지 못하였을 때 사용하는 표현이다.

불초   不肖

"불초한 이 자식은 생전에 지은 죄를 엎드려 빕니다.", "불초한 자
식 용서 바랍니다."라고 하는데 '불초'는 '아니 불(不)' '닮을 초(肖)'
로 닮지 않았다는 뜻이다. 아버지의 훌륭한 점들을 닮지 못하여
못나고 어리석다는 이야기인데 부모를 상대하여 자기를 낮추는
겸손의 표현이다.

불치하문   不恥下問

나이, 지위, 학식이 자기보다 아래인 사람에게 묻는 것을 부끄럽
게 여기지 않음을 '불치하문'이라 한다. '아니 불(不)' '부끄러울 치
(恥)' '아래 하(下)' '물을 문(問)'으로 아랫사람에게 묻는 것을 부끄
러워하지 않는다는 뜻이다.

불침번   不寢番

군대 생활의 고통 중 하나는 '불침번' 서는 일이다. 불침번을 '침
략을 막는 당번'이라는 뜻으로 알았는데 그런 뜻이 아니었다. '침
략(侵掠)'이라 할 때의 '침'도 있지만 '침대(寢臺)'라 할 때의 '침'도
있었다. 불침번의 '침'은 '잠잘 침(寢)'이다. '아니 불(不)' '잠잘 침
(寢)' '당번 번(番)'으로 잠자지 않고 임무를 수행하는 당번이라는

뜻이다.

***

불혹 　　　　　　　　　　　不惑

'불혹의 나이임에도…'로 표현되는 '불혹'은 '아니 불(不)' '미혹될 혹(惑)'으로 미혹되지 아니한다는 뜻이다. 40살을 일컫는 말인데, 공자가 자신은 마흔 살부터 세상일에 미혹되지 않았다고 말한 데서 나온 말이다. 나이 40이 되기 전에는 세상일에 정신을 빼앗겨 갈팡질팡하거나 잘못된 판단을 하는 경우가 많다는 이야기다.

***

불후 　　　　　　　　　　　不朽

'불후의 명작'을 '뒤에 나오지 않을 훌륭한 작품'으로 이해하는 사람이 많은데 그렇지 않다. '뒤 후(後)'가 아닌 '썩을 후(朽)'이기 때문이다. '불후'는 '아니 불(不)' '썩을 후(朽)'로 썩지 않는다는 뜻으로 훌륭하여 그 가치가 영원히 썩지(없어지지) 않는다는 말이다. 삼불후(三不朽)를 이야기하는 사람이 있는데 덕(德), 공(功), 언어(言語)는 영원히 썩지 않는다는 뜻이다.

***

비망록 　　　　　　　　　　備忘錄

어떤 사실을 잊지 않으려고 적어 둔 기록을 '비망록'이라 하는데 '대비할 비(備)' '잊을 망(忘)' '기록할 록(錄)'으로 잊어버릴 것에 대비하여 적어 놓은 기록이라는 뜻이다. 불망기(不忘記), 메모(memo)라고도 한다.

***

비상등 非常燈

아주 긴급하거나 위급한 상황에서 다른 사람에게 위급한 상황에 있음을 알리기 위하여 켜는 등을 '비상등'이라 하는데 '아닐 비(非)' '보통 상(常)' '등 등(燈)'으로 보통이 아닐 때 사용하는 등이라는 뜻이다.

긴급한 사태가 있을 때만 열어서 사용하는 출입구는 비상구(非常口)고 뜻밖의 긴급한 일이 생길 경우를 대비해서 마련해 둔 돈은 비상금(非常金)이다.

비판 批判

옳고 그름을 판단하여 밝히거나 잘못된 점을 지적하는 일을 '비판'이라 하는데 '비평할 비(批)' '판가름할 판(判)'으로 비평하고 판가름한다는 뜻이다. 객관적으로 평가하고 판단한다는 의미로도 쓰이고, 잘못된 점을 지적하여 부정적으로 말한다는 의미로도 쓰인다.

'비난'은 '아닐 비(非)' '꾸짖을 난(難)'으로 옳지 않다고 하면서 꾸짖는다는 뜻이다. 남의 잘못이나 결점을 책잡아서 나쁘게 말하는 일이다. '비방'도 비슷한 말이냐고? 그래 '헐뜯을 비(誹)' '헐뜯을 방(謗)'으로 남을 비웃고 헐뜯어서 말하는 행위이니까.

비화 飛火

어떠한 일의 영향이 직접 관계가 없는 다른 데까지 번지는 것을 '비화'라 하는데, '날 비(飛)' '불 화(火)'로 '날아다니는 불똥'이라는 뜻이다. 불똥은 일정한 곳으로 날아가지 않고 제멋대로 튀어 가는 성질이 있다.

　세상에 드러나지 않은 숨겨진 이야기라는 '비화'도 있는데, 이 때는 '숨길 비(秘)' '이야기 화(話)'다.

빈맥　　　　　　　　　　　　　　　頻脈

'빈맥'은 '자주 빈(頻)' '맥박 맥(脈)'으로 맥박이 빨리 뛰는 것이다. 반대는 '천천히 할 서(徐)'의 '서맥'이다. 1분당 60회~100회인 정상 맥박 수에 비해 1분당 60회 미만이면 '서맥(徐脈)'이고, 1분당 100회 이상이면 '빈맥(頻脈)'이다.

　같은 현상이나 일이 되풀이되는 정도를 '빈도'라 하는데 '자주 빈(頻)' '정도 도(度)'로 '자주 하는 정도'라는 뜻이다. '가끔', '항상', '보통', '종종' 등을 '빈도 부사'라 하고, 소변이 자주 마려움을 '빈뇨'라 하며, 어떤 일이 자주 일어남을 '빈발'이라 한다.

빈소　　　　　　　　　　　　　　　殯所

상여가 나갈 때까지 관을 놓아두는 곳을 '빈소'라 하는데 '대렴할 빈(殯)' '장소 소(所)'로 대렴한 장소라는 뜻이다. '대렴'은 입관을 위해 시신을 베로 싸서 매듭짓는 일이다.

　시체와 위패를 모시는 방을 '영안실'이라 하는데 '영혼 영(靈)' '편안할 안(安)' '방 실(室)'로 영혼이 편안하게 쉬는 방이라는 뜻이다.

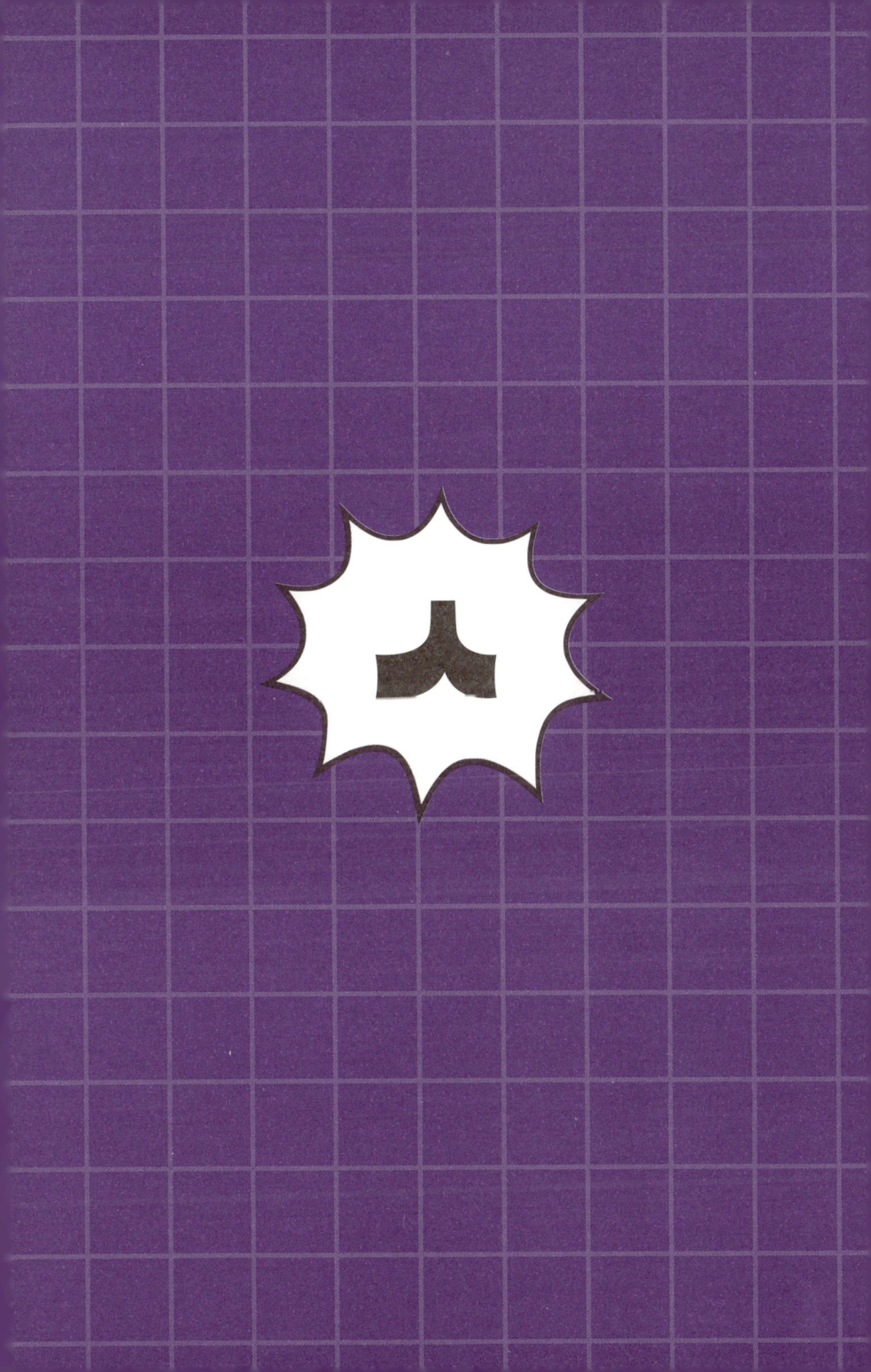

사 祠, 寺, 舍

'충경사'라는 표지판을 보고 '절'인 줄 알았는데 '절'이 아니라 '사당'이었다. '현충사' '충렬사' '포충사' '창렬사' '성모사' 역시 절이 아닌 사당이다. '사당'은 제사 지낼 사(祠) '집 당(堂)'으로 제사 지내는 집이라는 뜻이다. 조상의 신주를 모셔 놓은 집을 일컫는다.

건물 이름 뒤에 붙는 '사'는 '사당 사(祠)', 절 사(寺), 아니면 집 사(舍)다. 앞에 언급한 현충사, 충렬사에서의 '사'는 '사당 사(祠)'고, 불국사, 금산사, 송광사, 해인사에서의 '사'는 '절 사(寺)'며, 기숙사, 청사, 관사, 막사, 교사에서의 '사'는 '집 사(舍)'다.

사각지대 死角地帶

가깝지만 눈길이나 영향이 미치지 못하는 범위를 '사각지대'라 하는데 죽을 사(死) 구석 각(角)으로 '죽은 구석'이라는 뜻이다. 관심이나 영향이 미치지 못하는 구역을 비유적으로 이르는 말이다. '복지 사각지대' '운전 사각지대' '문명 사각지대' 등으로 쓰인다. 군사 용어로도 쓰이는데 사정(射程)거리 안에 있지만 장애물 때문에 총알이 미치지 못하는 범위를 가리킨다.

사방 댐 沙防dam

집중 호우로 산사태가 발생하였을 때 상류에서 유출되는 모래나 흙, 자갈 등을 막기 위해 만든 둑을 '사방 댐'이라 한다. 모래 사(沙) '막을 방(防)'으로 모래가 흘러내리는 것을 막는 댐이라는 뜻이다.

사범 대학 　　　　　　　　　　師範大學

중고등학교 교사를 양성하는 교육을 하는 단과 대학을 사범 대학이라 한다. '스승 사(師)' '모범 범(範)'의 '사범'은 스승이 되고 모범이 된다는 뜻이다.

공자가 제자인 안연을 칭찬하면서 했던 '학위인사(學爲人師) 행위세범(行爲世範)'에서 '사(師)'와 '범(範)'을 따서 만든 단어다. 학문은 다른 사람의 스승이 되었고, 행실은 세상의 모범이 되었다는 뜻이다.

사사구 　　　　　　　　　　　　四死球

투수가 던진 볼이 타자의 신체 일부에 맞는 일을 '사구'라 하는 걸까? 스트라이크가 아닌 볼을 네 번 골라 1루에 가는 일을 '사구'라 하는 걸까? 둘 다 '사구'다. 스트라이크가 아닌 볼을 네 번 골라 1루에 가는 일은 '닉 사(四)' '공 구(球)'의 '사구'고, 투수가 던진 볼에 타자가 맞아서 1루에 가는 일은 '죽을 사(死)' '공 구(球)'의 '사구'다. 사구(四球)는 '포볼(four ball)'이라 하고 사구(死球)는 '데드볼(dead ball)'이라 한다. 사사구는 사구(死球)와 사구(四球)를 아울러 일컫는다.

사색적 　　　　　　　　　　　　思索的

삶이나 철학적 문제에 대하여 깊이 생각하여 세상의 이치를 찾아내는 일을, '사색적'이라 하는데 '생각 사(思)' '찾을 색(索)'으로 생각을 통해 이치를 찾아내는 일이라는 뜻이다.

사양 산업　　　　　　　　斜陽産業

사회, 경제, 기술 혁신 등의 형세 변화에 대응하지 못하고 쇠퇴하여 가는 산업을 '사양 산업'이라 하는데 '사양'은 '비스듬할 사(斜)' '태양 양(陽)'으로 비스듬하게 기울어지는 태양이라는 뜻이다. 태양이 서쪽 하늘로 서서히 기울어지는 것처럼 새로운 것에 밀려 점점 몰락해 감을 비유로 일컫는 말이다.

　비스듬하게 그은 선을 사선(斜線)이라 하고 한쪽으로 비스듬히 기울어진 정도를 경사(傾斜)라 하며 한쪽으로 비스듬히 기울어진 탑을 사탑(斜塔)이라 한다.

사이비　　　　　　　　　　似而非

겉으로 보기에는 비슷한 것 같지만 근본적으로는 아주 다른 것을 '사이비'라 하는데 '같을 사(似)' '그러나 이(而)' '아닐 비(非)'로 '같은 것 같다. 그러나 같지는 않다'라는 뜻이다. 비슷한 말에 '가짜' '거짓' '유사'가 있다.

　겉으로는 기성 종교와 비슷하나 속은 완전히 달라 상식으로는 인정하기 어려운 종교를 사이비 종교라 하고, 작가의 상상력과 정서를 담은 말이나 글을 사이비 진술(似而非陳述)이라 한다.

사정회　　　　　　　　　　査定會

성적 사정회, 입학 사정회, 진급 사정회 등이 있다. '조사할 사(査)' '결정할 정(定)'의 '사정'은 조사하여 결정한다는 뜻이다. '모임 회(會)'가 더해진 '사정회'는 어떤 일을 조사하여 결정하기 위한 모임이다.

사춘기 思春期

신체적으로는 이차 성징이 나타나고 정신적으로는 자아의식이 높아지면서 심신 양면으로 성숙기에 접어드는 시기를 '사춘기'라 하는데, '생각 사(思)' '남녀의 사랑 춘(春)' '시기 기(期)'로 남녀가 사랑을 생각하는 시기라는 뜻이다. '춘(春)'은 '봄'이라는 의미로 많이 쓰이지만 '남녀의 사랑'이라는 의미로도 쓰인다.

돈이나 기타 대가를 받고 성적(性的) 상대가 되어 주는 일을 매춘(賣春)이라 하고, 남녀 간에 성교하는 모습을 그린 그림을 춘화(春畫)라 하며, 정력을 회복시키는 작용을 하는 약을 회춘제(回春劑)라 한다.

사표 辭表

어떤 직책에서 물러나겠다는 뜻을 적은 문서를 '사표'라 하는데 '떠날 사(辭)' '올리는 글 표(表)'로 떠나겠다는 뜻을 윗사람에게 올리는 글이라는 뜻이다.

'사(辭)'는 '말'이라는 의미로 많이 쓰이지만 '하소연하다' '알리다' '글 쓰다' '청하다' '꾸짖다' '떠나다' '사양하다' '헤어지다' 등 여러 의미로 쓰인다.

사행심 射倖心

경마나 복권뿐 아니라 과대광고나 경품 행사도 사람들의 사행심을 자극한다고 하는데, '사행심'은 '쏠 사(射)' '요행 행(倖)' '마음 심(心)'으로 요행을 쏘는 마음이라는 뜻이다. 비슷한 말에 '던질 투(投)' '기회 기(機)'의 '투기심'이 있다.

산책   散策

휴식을 취하거나 건강을 위해서 천천히 걷는 일을 '산책'이라 하는데, '한가로울 산(散)' '지팡이 짚을 책(策)'으로 한가롭게 지팡이를 짚고 돌아다닌다는 뜻이다.

'산(散)'은 분산, 산문, 해산, 무산에서처럼 '흩어지다' 뜻으로 더 많이 쓰이고, '책(策)'은 정책, 시책, 대응책에서처럼 '방책'이라는 뜻으로 더 많이 쓰인다.

삼계탕   蔘鷄湯

어리고 작은 닭의 내장을 빼내고 그 안에 인삼, 찹쌀, 대추, 밤, 마늘 등을 넣어 고아 만든 보양 음식을 '삼계탕'이라 한다. '인삼 삼(蔘)' '닭 계(鷄)' '국 탕(湯)'으로 인삼과 닭을 함께 삶은 국이라는 뜻이다.

옛날에는 인삼보다 닭고기를 중요하게 생각했기에 계삼탕(鷄蔘湯)이라 했다.

삼우제   三虞祭

죽은 사람을 매장한 뒤에 혼백을 평안하게 하도록 지내는 세 번째 제사를 '삼우제'라 하는데 '석 삼(三)' '염려할 우(虞)' '제사 지낼 제(祭)'로 죽은 사람을 세 번째 염려하면서 지내는 제사라는 뜻이다.

장사 당일에 초우(初虞)를 지내고, 장사 다음 날에 재우(再虞)를 지내며, 그다음 날 삼우(三虞)를 지낸다. 삼우제를 마치면 상주는 묘지에 가서 간단한 묘제를 올린다.

삼진   三振

타자가 타석에서 스트라이크를 세 번 당하여 아웃(out)되는 일을 '삼진'이라 하는데 '석 삼(三)' '떨 진(振)'으로 세 번 떨었다는 뜻이다. 스트라이크를 당할 때마다 '쳤어야 했는데'라고 생각하면서 심장이 떨렸기 때문이다.

투수가 타자를 위협하기 위하여 고의로 타자의 머리 쪽으로 던지는 공을 '빈 볼'이라 하는데 '빈(bean)'은 물건으로 머리를 친다는 뜻이다. '위협구'라고도 한다.

삼척동자   三尺童子

"삼척동자도 다 아는 이야기이다."라고 한다. 삼척(三尺)은 '석 자'다. '한 자'가 30.3㎝의 길이이기에 석 자는 90.9㎝ 정도다. '아이 동(童)' '자식 자(子)'의 '동자'는 어린아이라는 뜻이다. 철모르는 어린아이를 일컬어 '삼척동자'라고 하는 것이다. 동화, 동시, 동요, 동안에서의 '동'도 모두 '아이 동(童)'이다.

상경   上京

지방에서 서울로 올라가는 일을 '오를 상(上)' '서울 경(京)'을 써서 '상경'이라 한다. '서울로 올라간다'는 뜻이다. '상(上)'이 '위'라는 뜻으로 많이 쓰이지만 '상경'에서는 '올라가다'는 뜻이다. 서울에서 지방으로 내려가는 것은 하경(下京)이냐고? 그렇게도 쓰지만 '낙향'을 더 많이 쓴다. '떨어질 낙(落)' '고향 향(鄕)'으로 고향으로 떨어진다는 뜻이다.

상비약　　　　　　　　　　常備藥

병원이나 회사나 가정에 늘 준비해 두는 약품을 '상비약'이라 하는데 '항상 상(常)' '갖출 비(備)' '약 약(藥)'으로 항상 갖추어 놓는 약이라는 뜻이다. '구급약'이라고도 하는데 '구원할 구(救)' '급할 급(急)'으로 급한 상황에서 구원해 주는 약이라는 뜻이다.

상사병　　　　　　　　　　相思病

마음에 둔 사람을 몹시 그리워하여 생기는 병을 '상사병'이라 하는데 '생각할 상(相)' '생각할 사(思)' '병 병(病)'으로 생각하고 생각하며 그리워함으로써 생긴 병이라는 뜻이다.

상여금　　　　　　　　　　賞與金

관청이나 회사에서 월급과는 별도로 업적이나 공헌도에 따라 직원에게 주는 돈을 '상여금'이라 하는데 '상 상(賞)' '줄 여(與)' '돈 금(金)'으로 상으로 주는 돈이라는 뜻이다. 모든 직원에게 정기적으로 주기 때문에 글자의 의미와 맞지 않다고 할 수 있지만, 모든 직원이 거의 매일 성실하게 일했기 때문에 주는 돈이라고 이해하면 괜찮을 것 같다.

상온　　　　　　　　　　常溫

'상온'은 '보통 상(常)' '온도 온(溫)'으로 보통의 온도, 평상시의 온도라는 뜻이다. '상(常)'이 '항상'이라는 뜻으로도 쓰이기에 '늘 일정한 온도'라는 뜻으로 쓰이기도 한다. 일반적인 사람이 다 가지고 있거나 갖고 있어야 할 지식이나 판단력을 상식(常識)이라 하고, 날마다 반복되는 보통의 일을 일상(日常)이라 하며, 일정한 일을 늘 계속하여 맡음을 상임(常任)이라 한다.

서민　　　　　　　　　　　　　　庶民

경제적으로 중류 이하의 넉넉지 못한 생활을 하는 사람, 또는 아무 벼슬이나 신분적 특권을 갖지 못한 일반 사람을 '서민'이라 하는데 '여러 서(庶)' '백성 민(民)'으로 여러 백성, 많은 수를 차지하는 백성, 대다수에 해당하는 백성이라는 뜻이다. '민중' '백성' '평민'도 비슷한 말이다.

　어떤 단체나 조직에서 행정 업무를 맡아보는 부서를 '행정실'이라 하는데, 옛날 명칭은 '서무실(庶務室)'이었다. 여러 일반 사무를 맡아서 처리하는 곳이라는 의미였다.

선량　　　　　　　　　　　　　　選良

국회의원을 '선량'이라 부르는 것을 듣고 화난 적이 있다. 착하기는커녕 우리를 실망하게 하는 사람들을 착한 사람이라 이름 붙였다고 생각하였기 때문이었다. 그런데 아니었다. '착할 선(善)'이 아니라 '뽑힐 선(選)'이었다. '뽑힐 선(選)' '뛰어날 량(良)'으로 '가려 뽑힌 뛰어난 인물'이라는 뜻이었다.

선심　　　　　　　　　　　　　　線審

축구, 테니스, 야구, 배구 등에서 중심이 되는 심판인 주심(主審)

말고, 또 다른 심판을 '부심' 또는 '선심'이라 한다.

'부심'은 '버금 부(副)' '심판할 심(審)'으로 버금가는(두 번째) 심판
이라는 뜻이고, '선심'은 '줄 선(線)'으로 줄에 관한(in, out) 위반 여
부를 판정하는 심판이라는 뜻이다.

선정성　　　　　　　　煽情性

'부채질할 선(煽)' '감정 정(情)'을 쓴 '선정'은 감정을 부채질한다는
뜻으로 어떤 감정이나 욕정을 부추기어 일으킬 때 쓰는 표현이다.
어떤 행동에 나서도록 남을 부추긴다는 '선동(煽動)'에서도 '부채
질할 선(煽)'이다.

설의법　　　　　　　　設疑法

직설적으로 이야기할 수 있음에도 불구하고 일부러 의문 형식으
로 제시하여 독자가 스스로 결론을 내리도록 하는 방법을 '설의법'
이라 한다. '세울 설(設)' '의심할 의(疑)' '방법 법(法)'으로 의심을 세
우는 방법이라는 뜻이다. 알면서도 모르는 척 물어보는 방법이다.

성경　　　　　　　　　聖經

성경을 신약과 구약으로 되어 있는 기독교의 경전으로만 알고 있
는 사람이 많은데, 사실은 종교상 신앙의 최고 법전이 되는 모든
책을 일컫는다.

기독교의 성경뿐 아니라, 불교의 팔만대장경, 유교의 사서오경,
이슬람교의 코란 등도 '성경'이라 할 수 있는데 '성스러울 성(聖)'

'경서 경(經)'으로 '성스러운 경서'라는 뜻이기 때문이다. '경서'는 '길 경(經)' '책 서(書)'로 알려 주는 책이라는 뜻으로 사상과 교리를 써 놓은 책을 일컫는다.

성과급 　　　　　　成果給

작업의 성과를 기준으로 지급하는 임금을 '성과급'이라 하는데 '성과(成果)에 따라 임금을 지급(支給)한다'는 뜻이다. 개인이나 집단이 달성한 근로의 성과를 측정하여 그 결과에 따라 보수를 차등적으로 지급하는 방식이다. 개개인의 작업량이나 성과에 상관없이 정해진 액수를 지급하는 고정급(固定給)과 대비된다. 성과급은 생산성을 높이려는 데 주된 목적이 있다.

관련 어휘

#고정급(固定給):노농의 생산량과 관계없이 노동 일수나 노동 시간에 따라 지급하는 임금.

성리학 　　　　　　性理學

주자(朱子)가 집대성한 유학의 한 파가 '성리학'인데 '성품 성(性)' '이치 리(理)' '학문 학(學)'으로 인간의 성품과 세상의 이치를 밝히는 학문이라는 뜻이다. 주자가 집대성했다 해서 주자학(朱子學)이라고도 한다. 우주의 질서와 인간 심리에 관해 깊이 연구하였다.

관련 어휘

#주자(朱子):1130~1200년, 중국 송나라의 유학자.

성묘 省墓

추석, 설날, 한식에 조상의 산소를 찾아가서 돌보는 일을 '성묘'라 하는데 '살필 성(省)' '묘지 묘(墓)'로 묘지를 살핀다는 뜻이다.

'없을 막(莫)'에 '흙 토(土)'를 더하면 '묘지 묘(墓)', '힘 력(力)'을 더하면 '모집할 모(募)', '태양 일(日)'을 더하면 '저물 모(暮)', '마음 심(心=심(小))'을 더하면 '사모할 모(慕)'다. 그리고 '수건 건(巾)'을 쓰면 '장막 막(幕)'이다.

소극적 消極的

자신의 힘으로 나아가려는 태도나 마음가짐이 부족하고 활동적이 아닌 성향을 '소극적'이라 하는데 '없어지게 할 소(消)' '극진할 극(極)' '어조사 적(的)'으로 극진함이 없어졌다는 뜻이다.

반대는 '적극적'인데 '쌓을 적(積)' '극진할 극(極)'으로 극진함을 쌓았다는 뜻이다. 어떤 일에 대하여 긍정적, 자발적, 진취적으로 힘을 다하는 태도나 성향을 일컫는다.

소급 遡及

지나간 일까지 거슬러 올라가서 영향을 미치게 하는 것을 '소급'이라 하는데 '거슬러 올라갈 소(遡)' '미칠 급(及)'으로 과거로 거슬러 올라가 영향을 미친다는 뜻이다. 소급 입법(遡及立法)은 법이 마련되기 이전의 일까지 거슬러 올라가서 영향이 미칠 수 있도록 만든 법이다.

소면   素麵

음식점에서 고기를 먹은 후, 냉면이나 소면을 먹는 경우가 있는데 '소면'은 '나물 소(素)' '국수 면(麵)'으로 고기 없이 나물만으로 만든 국수다.

　"소찬이지만 식사하고 가시지요?"에서의 '소찬' 역시 '나물 소(素)' '반찬 찬(饌)'으로 고기나 생선이 들어 있지 않은 나물 반찬을 일컫는다. '흴 소'라고 부르는 '素'는 '소복(素服)'에서처럼 '희다'는 의미로도 쓰이지만, '수수하다' '바탕' '본디'라는 의미로도 쓰인다. '소박(素朴)'은 꾸밈없이 그대로라는 의미고, '소양(素養)'은 평소에 닦아 쌓은 교양이라는 의미이다. '소재(素材)'는 바탕이 되는 재료고, '소질(素質)'은 본디부터 가지고 있는 성질이다.

소방서   消防署

'소방서'는 '사라질 소(消)' '막을 방(防)' '관청 서(署)'로 불을 사라지게 하고 화재를 막는 관청이라는 뜻이다. 소방서가 화재 진압과 화재 예방 업무뿐 아니라 인명 구조, 구급 업무도 하지 않느냐고? 그렇다. 오늘날에는 소방서가 인명 구조, 구급 업무까지 하지만 소방서가 처음 만들어질 당시에는 화재 진압과 화재 예방 업무만 하였기에 소방서라 이름을 붙였다.

소설   小說

허구적으로 이야기를 꾸며 나간 산문체의 문학 양식을 '소설'이라 하는데 왜 '작을 소(小)'를 쓸까? 결코 작은 이야기가 아닌데. 등장 인물도 많고, 몇십 년에 걸쳐 일어난 이야기이며, 소설 한 편 읽는데 보통 10시간, 대하소설이라면 100시간이 넘게 걸리는데 왜 '작을 소(小)'를 쓰는 걸까? 아무리 자세하게 쓴 내용이라 해도 인생 전체에서 보면 아주 작은 내용이기 때문 아닐까? 소설이라는 말이 만들어질 당시에는 허구적인 이야기가 대접받지 못해 하찮은 것으로 인식되었기 때문이라는 견해도 있다.

소신   所信

굳게 믿고 있는 바 또는, 옳다고 생각하는 바를 '소신'이라 하는데 '바 소(所)' '믿을 신(信)'으로 '굳게 믿고 있는 바'라는 뜻이다. 신념(信念), 견해(見解), 확신(確信)이라고도 한다.

소인   消印

우표 및 수입 인지에 찍는 도장을 '소인'이라 하는데 '사라질 소(消)' '도장 인(印)'으로 가치를 사라지게 만드는 도장이라는 뜻이다. 소인(消印)이 찍히면 우표나 수입 인지의 가치는 없어진다.

소일   消日

뚜렷하게 하는 일 없이 시간을 보내는 것을 '소일'이라 하는데 '없어지게 '할 소(消)' '날 일(日)'로 하루하루를 없어지게 한다는 뜻이다. 그럭저럭 시간을 보내기 위하여 심심풀이로 하는 일은 '소일거리'라고 한다.

소정   所定

"소정의 원고료가 지급됩니다.", "소정의 상품을 드립니다."라고 할 때의 '소'를 '적을 소(少)'로 잘못 알고 있는 사람이 많은데 '적을 소(少)'가 아니라 '바 소(所)'다. '바 소(所)' '정할 정(定)'으로 '정해진 바'라는 뜻이다.

소화기   消火器

화재가 발생하였을 때 불을 끄는 기구를 '소화기'라 하는데 '사라지게 할 소(消)' '불 화(火)' '기구 기(器)'로 '불을 사라지게 만드는 기구'라는 뜻이다.

입안, 식도, 위, 창자, 항문 등의 질환을 진단하고 치료하는 의학 분야를 '소화기 내과'라 하는데 이때의 '소화기'는 '사라지게 할 소(消)' '변화 화(化)' '기관 기(器)'로 음식을 사라지게 만들고 변화시키는 기관이라는 뜻이다.

'작을 소(小)' '불 화(火)' '도구 기(器)' 한자를 쓴 소화기(小火器)도 있는데, 작은 불꽃을 만드는 도구라는 뜻으로 무게가 가볍고 구경이 15.24㎜ 이하인 권총 등을 가리킨다.

소환   召喚

조사하기 위하여 불러들이는 일을 '소환'이라 하는데 '부를 소(召)' '부를 환(喚)'으로 조사하기 위해 부른다는 뜻이다.

속수무책 束手無策

뻔히 보고 알면서도 어찌할 방법이 없어서 꼼짝도 하지 못함을 '속수무책'이라 하는데 '묶을 속(束)' '손 수(手)' '없을 무(無)' '방법 책(策)'으로 손이 묶여 있어서 어떻게 해 볼 방법이 없다는 뜻이다.

손해 사정인 損害査定人

자동차 사고나 화재 사고가 발생하였을 때 그 손해액을 조사해 주는 사람을 '손해 사정인'이라 하는데 '상할 손(損)' '손해 해(害)' '조사할 사(査)' '정할 정(定)' '사람 인'으로 상하거나 손해 본 것을 조사해서 손해 액수를 정해 주는 사람이라는 뜻이다.

수능 修能

'수능'은 대학 수학 능력 시험(大學修學能力試驗)의 준말이다. 대학 에서 수학할 능력이 있는지를 측정하기 위해 치르는 시험이라는 뜻이다.

　'수학'은 무슨 뜻이냐고? '닦을 수(修)' '학문 학(學)'으로 학문을 닦는 일이라는 뜻이다.

수당 手當

정해진 봉급 이외에 따로 주는 보수를 '수당'이라 하는데, '손 수(手)' '보수 당(當)'으로 손을 움직인 만큼 더 지급하는 보수라는 뜻이다. 수당을 주는 이유는 직업의 성격과 업무 조건이 복잡해지고 다양화되었기 때문이고 기본급의 미비점을 보완하기 위해서다.

수수방관   袖手傍觀

간섭하거나 거들지 아니하고 그대로 내버려두는 일을 '수수방관'
이라 한다. '소매 수(袖)' '손 수(手)' '곁 방(傍)' '볼 관(觀)'으로 소매
에 손을 넣은 채 곁에서 바라보기만 한다는 뜻이다. 줄여서 '방관
(傍觀)'이라 한다.

수신   受信

은행이 수익을 만들어 내는 것은 수신 금리와 여신 금리의 차이
때문이다. 100만 원의 예금에 대해 3만 원의 이자를 주고 100만
원의 대출에 대한 이자를 5만 원 받는다면 2만 원의 이익이 만들
어지는 것이다.

예금 받는 일을 '수신'이라 하는데 '받을 수(受)' '믿을 신(信)'으
로 금융 기관이 고객으로부터 믿음을 받았다는 뜻이다. 고객에게
돈을 빌려주는 일을 '여신'이라 하는데 '줄 여(與)' '믿을 신(信)'으
로 고객이 믿음을 주어서 금융 기관이 돈을 빌려준다는 뜻이다.

수전노   守錢奴

돈을 지나치게 아껴서, 모을 줄만 알고 쓸 줄을 모르는 사람을 '수
전노'라 한다. '지킬 수(守)' '돈 전(錢)' '종 노(奴)'로 돈을 지키는 종
(노비) 같은 사람이라는 뜻이다. 구두쇠, 고바우, 노랑이, 자린고비
도 같은 뜻을 지닌 말이다.

수행 평가 　　　　　遂行平價

'수행'은 **'따를 수(遂)' '행할 행(行)'**으로 계획에 따라서 행한다는 뜻이고, '평가'는 '살피어 정할 평(評)' '가치 가(價)'로 가치를 살펴서 정한다는 뜻이다. 그러니까 수행 평가는 교사가 제시한 과제를 잘 행하는지를 직접 관찰한 다음, 그 결과의 가치를 판단하여 점수를 정하는 일이다. 논술형 검사, 구술시험, 실기시험, 연구 보고서 등이 있다.

숙맥 　　　　　　　　菽麥

어리석고 못난 사람을 '숙맥'이라 하는데 '숙맥불변'에서 나온 말이다. '숙맥불변'은 **'콩 숙(菽)' '보리 맥(麥)' '아니 불(不)' '분별할 변(辨)'**으로 콩인지 보리인지 분별하지 못한다는 뜻이다.

숙면 　　　　　　　　熟眠

일을 잘하기 위해서도, 운동을 잘하기 위해서도, 공부를 잘하기 위해서도 '숙면'이 필요하다고 한다. **'익을 숙(熟)' '잠잘 면(眠)'**의 숙면은 익도록 잠자다, 충분히 잠자다는 뜻이다.

　기술이나 지식 등에 익숙하게 됨을 숙달(熟達)이라 하고, 일이나 기술을 몸에 능숙하게 익힘을 숙련(熟練)이라 하며, 어려운 문제나 일을 곰곰이 생각함을 숙고(熟考)라 한다. 일에 아직 익숙하지 못하여 서투름을 미숙(未熟)이라 하고, 충분히 잘 아는 일을 숙지(熟知)라 하며, 문제를 깊이 생각하여 충분히 의논함을 숙의(熟議)라 한다.

숙어 　　　　　　　　　　　熟語

두 개 이상의 낱말이 모여서 하나의 새로운 뜻을 이루는 말, 사람들 사이에서 의미가 굳어진 말을 '숙어' 또는 '관용어'라 한다. 새로운 뜻으로 완전히 익은 말이기에 '익을 숙(熟)'을 써서 숙어(熟語)라 하고, 습관적으로 사용하는 말이기에 '습관 관(慣)' '사용할 용(用)'을 써서 관용어(慣用語)라 한다.

숙원 　　　　　　　　　　　宿願

'숙원 사업' '민족의 숙원'을 이야기하는데 '오랠 숙(宿)' '원할 원(願)'의 숙원은 오랫동안 원하고 바라던 일이라는 뜻이다. 오래 술에 취함을 숙취(宿醉)라 하고, 오래전부터의 적수를 숙적(宿敵)이라 한다. 장(腸) 속에 오래 머물러 있던 대변을 숙변(宿便)이라 하고, 오래된 병을 숙환(宿患)이라 한다.

순방 　　　　　　　　　　　巡訪

여러 나라나 도시 등을 차례로 돌아가며 방문하는 일을 '순방'이라 하는데 '돌 순(巡)' '방문할 방(訪)'으로 돌아가며 방문한다는 뜻이다.

순직 　　　　　　　　　　　殉職

주어진 일을 하다가 목숨 잃음을 '순직'이라 하는데 '목숨을 바칠 순(殉)' '일 직(職)'으로 자신이 맡은 일에 목숨을 바쳤다는 뜻이다. 자기의 신앙(종교)을 지키기 위해 목숨을 바침은 순교(殉敎) 나라를 위하여 목숨을 바침은 순국(殉國)이다.

승강기 　　　　　　　　　　　昇降機

동력을 사용하여 사람이나 화물을 아래위로 나르는 장치를 엘리베이터, 또는 '승강기'라 하는데 '오를 승(昇)' '내릴 강(降)' '기계 기(機)'로 오르고 내리는 기계라는 뜻이다.

　우리나라 프로 축구에 '승강제'가 실시되고 있는데 '제도 제(制)'로 올라가고 내려가는 제도라는 뜻이다. 2부 리그 상위 팀이 1부 리그로 올라가고, 1부 리그 하위 팀이 2부 리그로 내려가는 제도를 말한다.

시말서 　　　　　　　　　　　始末書

'처음 시(始)' '끝 말(末)' '글 서(書)'를 쓴 '시말서'는 처음부터 끝까지 적은 글이라는 뜻이다. 일을 잘못한 사람이 그 일의 처음부터 끝까지 진행되어 온 경위를 자세히 적은 글이다.

　'경위서'라고도 하는데 '경위'는 '씨줄 경(經)' '날줄 위(緯)'로, 날줄을 메어 놓고 그 날줄 사이사이로 씨줄을 집어넣어 베를 짰던 일에서 비롯된 말이다. '전말서'라고도 하는데 '이마 전(顚)' '끝 말(末)'로 이마(처음)에서 끝까지 적은 문서라는 뜻이다.

시사 　　　　　　　　　　　示唆

'시사'는 '보일 시(示)' '넌지시 알릴 사(唆)'로 미리 보여 주면서 넌지시 알려 준다는 의미이다. 미리 암시하여 간접적으로 표현해 주는 일을 말한다. 그때그때의 세상 정세나 일어난 일도 '시사'인데, 이때는 '때 시(時)' '사건 사(事)'를 쓴다.

시인   是認

시를 전문적으로 짓는 사람인 '시인(詩人)'도 있지만, 어떤 내용이 옳거나 그러하다고 인정한다는 '시인'도 있다. '옳을 시(是)' '인정할 인(認)'으로 '옳다고 인정한다'는 뜻이다. 반대는 '아닐 부(否)'의 부인(否認)이다.

신경 치료   神經治療

잘못 만들어진 단어가 있는데 '신경 치료'도 그중 하나다. 치과 의원에서 치아의 통증을 없애기 위해 하는 치료를 신경치료라 하는데, 이는 '신경을 죽이는 치료'다. 그러기에 '신경 죽이는 치료'로 이름 붙여야 옳다. '신경 치료'라고 이름 붙인 것이 명백한 잘못인 이유는 '신경을 좋게 만드는 치료'로 해석할 가능성이 높기 때문이다. 글자 수를 줄이려는 의도라면 '신경사 치료'라고 이름 붙여야 하는 것 아닌가?

신년 하례회   新年賀禮會

새해 맞이함을 서로 축하하며 예를 차리는 모임을 '신년 하례회'라 하는데, '축하할 하(賀)' '예식 례(禮)' '모임 회(會)'로 새해 맞이함을 축하하는 예를 갖춘 모임이라는 뜻이다.

신부 神父

가톨릭이나 성공회의 사제(司祭)를 '신부'라 하는데 '정신 신(神)' '아버지 부(父)'로 정신의 아버지, 영적인 아버지라는 뜻이다. 사람들에게 영적 생명을 베풀어 주고 아버지처럼 신자들의 영혼을 인도하기 때문에 '신부'라 이름 붙인 것이다. 갓 결혼하였거나 곧 결혼하는 여자도 '신부'라 하는데 이때는 '새 신(新)' '아내 부(婦)'를 쓴다.

신승 辛勝

"5대4로 일본에 신승했다.", "신승을 거두고 결승에 진출했다."라고 하는데, '신승'은 '매울 신(辛)' '이길 승(勝)'으로 매운맛을 보면서 이겼다는 뜻으로 힘들게 가까스로 이겼을 때 쓰는 표현이다. 큰 점수 차이로 쉽게 이겼을 때는 '즐거울 낙(樂)'을 써서 '낙승'이라 한다.

신원 身元

"신원을 파악하다.", "신원 밝히기를 꺼리다."라고 하는데 '신원'은 '신분 신(身)' '근원 원(元)'으로 신분의 근원이라는 뜻이다. 개인의 성장 과정과 관련된 자료인 행실, 주소, 직업, 품행 등을 일컫는다.

실종 失踪

간 곳도 모르고 생사(生死)도 알 수 없는 상태로 사라져 버리는 일을 '실종'이라 하는데, **'잃을 실(失)' '자취 종(蹤)'**으로 자취를 잃어 버렸다는 뜻이다.

심부전증　　　　　　　　　　心不全症

심장의 펌프 기능에 장애가 발생하여 정맥압이 상승하고 충분한 양의 산소를 말초 조직에 공급할 수 없는 증세를 '심부전증'이라 하는데 **'심장 심(心)' '아니 부(不)' '온전 전(全)' '증세 증(症)'**으로 심장의 기능이 온전하지 못한 병의 증세라는 뜻이다.

심장 벽의 혈관이 갑자기 막히거나 경련으로 인해 딱딱하게 굳어져서 몸이 쑤시고 아픈 증세를 '협심증'이라 하는데 '좁을 협(狹)' '심장 심(心)' '증세 증(症)'으로 심장 벽의 혈관이 좁아지는 증세라는 뜻이다.

심야 할증　　　　　　　　　　深夜割增

밤 열두 시 이후에 택시나 고속버스 등을 탈 때, 원래 요금에 얼마를 더하여 내는 일을 '심야 할증'이라 한다. '심야'는 **'깊을 심(深)' '밤 야(夜)'**로 깊은 밤이라는 뜻이고, '할증'은 **'나눌 할(割)' '더할 증(增)'**으로 나눈 요금(원래 요금의 몇 %)을 원래 요금에 더한다는 뜻이다.

영화관 등에서는 '조조할인'이라며 요금을 적게 받기도 하는데 '조조'는 '이를 조(早)' '아침 조(朝)'로 이른 아침이고, '할인'은 '나눌 할(割)' '끌어내릴 인(引)'으로 나눈 요금을 끌어내리는 일이다.

십분   十分

"그동안 닦은 실력을 십분 발휘해 주기를 바랍니다.", "너의 입장을 십분 이해한다.", "컴퓨터를 십분 활용하면"이라는 이야기를 듣곤 한다. '십분'이 '아주 충분히', '100%'라는 뜻으로 사용되는데 무슨 이유일까? 왜 그런 뜻이 되었을까? '분(分)'이 '나누다'라는 뜻으로 많이 사용되지만 '1/10'이라는 의미로도 사용된다. 십분(十分)은 10×1/10이 되어 1이고, 1은 100%이기 때문이다.

아성   牙城

'아성을 무너뜨렸다'라고도 하고 '아성에 도전하였다'라고도 한다. '어금니 아(牙)' '성 성(城)'의 '아성'은 '어금니처럼 단단한 성'이라는 뜻이다. '세력이 자리를 잡은 가장 중요한 근거지'를 일컫는다.

아열대   亞熱帶

'열대'는 '뜨거울 열(熱)' '지역 대(帶)'로 뜨거운 지역이고, '온대'는 '따뜻할 온(溫)'으로 따뜻한 지역이다. 아열대의 '아'는 '버금 아(亞)'인데 '버금'이라는 말은 '다음 가는'이라는 뜻이다. 그러므로 아열대는 버금가는 열대, 열대보다는 덜 뜨거운 지역이라는 뜻으로 열대와 온대 사이의 기후를 일컫는다.

문학, 예술, 학문 등에서 독창성 없이 남의 것을 모방한 작품을 '아류'라 하는데 '버금가는 작품'이라는 뜻이다.

안경   眼鏡

시력이 나쁜 눈을 잘 보이도록 하기 위하여 또는 바람, 먼지, 강한 햇빛 등을 막기 위하여 눈에 쓰는 물건을 '안경'이라고 한다. '눈 안(眼)' '거울 경(鏡)'으로 눈에 쓰는 거울이라는 뜻이다.

안녕   安寧

아무 탈이나 걱정 없이 편안함을 '안녕'이라 하는데, '편안할 안(安)'에 '편안할 녕(寧)'으로 '편안하고 또 편안하다'는 뜻이다. 만나거나 헤어질 때 쓰는 인사말이기도 하다.

마음을 편안히 하거나 걱정 등을 없애 버림을 '안심(安心)'이라 하고, 편안하게 잘 지내는지 그렇지 않은지에 대한 소식을 '안부(安否)'라 하며, 편안하게 쉬는 일을 '안식(安息)'이라 한다.

안면방해   安眠妨害

남이 잠잘 때 요란스럽게 굴어서 잠을 잘 자지 못하도록 하는 일을 안면방해라 하는데 '편안할 안(安)' '잠잘 면(眠)'으로 '편안하게 잠자는 일을 방해한다'는 뜻이다.

얼굴조차 모르는 사람을 '안면부지'라 하고, 잘 아는 사람을 푸대접하는 일을 '안면박대'라 하는데 이때의 '안면'은 '얼굴 안(顔)' '낯 면(面)'으로 '얼굴'이라는 뜻이다.

안무   按舞

음악이나 연기에 맞는 춤을 창작하고 구성하는 일을 '안무'라 하는데 '어루만질 안(按)' '춤출 무(舞)'로 '춤추는 일을 잘 어루만져 준다'는 뜻이다.

피의 순환을 돕거나 뭉친 근육을 풀어 주기 위해 손으로 몸을 두드리거나 주무르는 일을 '문지를 마(摩)'를 써서 안마(按摩)라 하고, 교회에서 주례자가 신자의 머리 위에 자기 손을 얹는 일을 '손 수(手)'를 써서 안수(按手)라 한다.

안전사고 安全事故

공장이나 공사장 같은 곳에서 주의 소홀이나 안전 교육의 미비 등으로 일어나는 사고를 '안전사고(安全事故)'라 한다. 그런데 이상하지 않은가? '안전해서 생긴 사고'라니? '안전 부주의로 인한 사고'라고 해야 옳은데 글자 수를 줄이느라 엉터리 단어가 되고 말았다. '피로 회복(疲勞回復)'도 잘못 줄인 말이다. '피로했던 상태로 돌아간다.'라는 뜻이기 때문이다. '피로 해소' 또는 '피로 이전의 상태로 회복'이라고 해야 옳기 때문이다.

안주 按酒

술 마실 때 곁들여 먹는 음식을 '안주'라 하는데 '어루만질 안(按)'에 '술 주(酒)'로 '술기운을 어루만져 주는 음식'이라는 뜻이다. 술기운을 억제하는 기능을 하는 먹거리다.

몸을 어루만지거나 문질러서 혈액 순환을 도와주는 일을 안마(按摩)라 하고, 알맞게 잘 나누어 배치하거나 조절함을 안배(按排)라 한다.

압권 壓卷

책이나 예술 작품 또는 공연에서 가장 뛰어난 부분, 여럿 중에서 가장 뛰어난 책이나 작품을 '압권'이라 하는데 '누를 압(壓)' '책 권(卷)'으로 다른 책(답안지)을 눌러 버린 답안지라는 뜻이다. 옛날 과거 시험 때, 가장 우수한 답안지를 다른 답안지들의 맨 위에 놓아 왕에게 바쳤던 일에서 생겨난 말이다.

애환　　　　　　　　　　哀歡

'슬플 애(哀)' '기쁠 환(歡)'의 '애환'은 '슬픔과 기쁨'이라는 뜻으로 슬픔과 기쁨을 아울러 이르는 말이다. "애환을 묘사하였다.", "서민들의 애환을 다룬 작품이다."라고 표현한다.

야반도주　　　　　　　　夜半逃走

남의 눈을 피하여 한밤중에 도망치는 일을 '야반도주'라 하는데, '밤 야(夜)' '중간 반(半)' '달아날 도(逃)' '달릴 주(走)'로 '밤의 중간(한밤중)에 도망친다'는 뜻이다.

야사　　　　　　　　　　野史

민간에서 사사로이 기록한 역사를 '야사'라 하는데 '들 야(野)' '역사 사(史)'로 들판에 떠돌아다니는 역사라는 뜻이다. 정확한 사실에 대한 기록이 아니라 민간에 떠돌아다니는 이야기를 재미있게 풀어 쓴 이야기다.

　정통적인 역사 체계에 의하여 서술된 정확한 역사 기록은 '바를 정(正)'을 써서 '정사(正史)'라 한다.

　'야(夜)'는 들판이라는 뜻이고, 들판은 벼슬하지 않은 사람들이 생활하는 공간이기에 '민간(民間)'이라는 의미로도 많이 쓰이고 있다.

야수 선택　　　　　　　　野手選擇

야구 중계방송 중 듣게 되는 '야수 선택'은 '야수의 잘못된 선택'의 줄임말이다. 수비하는 선수인 야수(野手)가 타자 주자를 1루에서 아웃시킬 수 있었으나, 선행 주자를 아웃시키려는 욕심으로 2루나 3루에 공을 던져, 선행 주자도 타자 주자도 아웃시키지 못하고 모든 주자를 세이프 시킨 플레이를 일컫는다.

야유 揶揄

남을 빈정대며 놀리는 일을 '야유'라 하는데 '놀릴 야(揶)' '빈정거릴 유(揄)'로 놀리고 빈정거린다는 뜻이다. 들에서 모여서 즐겁게 노는 모임인 '야유회'는 '들 야(野)' '놀 유(遊)' '모일 회(會)'다.

양도 소득세 讓渡所得稅

'양도'는 '양보할 양(讓)' '건널 도(渡)'로 양보하여 건네준다는 뜻으로 재산이나 물건을 남에게 넘겨주는 일이다. '바 소(所)' '얻을 득(得)' '세금 세(稅)'의 '소득세'는 '얻은 바에 대한 세금'이라는 뜻으로 벌어들인 돈에 대하여 매기는 세금이다. 그러니까 '양도 소득세'는 토지나 건물이나 물건 등의 자산을 남에게 팔면서 얻게 된 소득에 대한 세금을 말한다.

양말 洋襪

두 짝이 한 켤레이고, 발에 신는 것이기에 '양발'이라 말하는 사람이 있는데 '양발'은 틀린 표현이고, '양말'이 옳은 표현이다. '서양 양(洋)' '버선 말(襪)'로 서양 버선이라는 뜻이다.

양복, 양약, 양옥, 양장, 양궁, 양식, 양배추, 양파, 경양식, 신미양요에서도 모두 '서양 양(洋)'이다.

양변기 　　　　　　　　　　洋便器

의자에 앉듯이 걸터앉아서 대소변을 볼 수 있게 만든 서양식의 수세식 변기를 '양변기'라 한다. '서양 양(洋)' '똥오줌 변(便)' '기구 기(器)'로 서양식 똥오줌을 처리할 수 있는 기구라는 뜻이다.

'양(洋)'이 태평양, 대서양에서는 '바다'라는 뜻이지만, 양철, 양주, 양파, 양배추, 양복에서는 '서양'이라는 뜻이다.

양서류 　　　　　　　　　　兩棲類

개구리나 도롱뇽 등을 '양서류'라 하는데 '둘 양(兩)' '살 서(棲)' '무리 류(類)'로 두 군데, 즉 물과 육지를 오가며 사는 무리라는 뜻이다. 새끼 때에는 민물에서 아가미로 호흡하고 자라서는 땅 위에서 사는 동물이다.

양심 　　　　　　　　　　　良心

어떤 행위에 대하여 옳고 그름, 선과 악을 구별하는 도덕적 의식이나 마음씨를 '양심'이라 하는데 '좋을 양(良)' '마음 심(心)'으로 좋은 마음이라는 뜻이다. 그렇다면 '양반'은 좋은 사람이라는 뜻이냐고? 아니다. '둘 양(兩)' '집단 반(班)'으로 문반(文班)과 무반(武班) 두 개의 집단이라는 뜻이다.

관련 어휘

#문반(文班):고려 · 조선 시대에, 문관(文官)의 반열.
#무반(武班):무관(武官)의 반열.

여당 야당 　　　　　　　　　　　　 與黨野黨

현재 정권을 쥐고 있는 정당을 '여당'이라 하고, 현재 정권을 쥐고 있지 않은 정당을 '야당'이라 한다. 여당은 '더불어 여(與)'로 정권과 더불어(함께) 정치하는 정당이라는 뜻이고, 야당은 '들 야(野)'로 집이 아닌 들판에서 고생하는 정당이라는 뜻이다.

여론 　　　　　　　　　　　　　　　　 輿論

사회 대중이 공통으로 제시하는 의견을 '여론'이라 하는데 '많을 여(輿)' '논의할 론(論)'으로 많은 사람이 논의한 의견이라는 뜻이다.

　조선 철종 때 김정호가 제작한 우리나라 지도를 대동여지도(大東輿地圖)라 하는데 '대동(大東)'은 동쪽의 큰 나라라는 뜻으로 우리나라다. 여지도(輿地圖)에서 '여'는 '많을 여(輿)'고, '땅 지(地)' '그림 도(圖)'의 '지도'는 땅에 관한 그림이다. '여지도'는 많은 것을 담은 땅에 대한 그림이라는 뜻인 거다.

여의봉 　　　　　　　　　　　　　　 如意棒

손오공이 가지고 다녔다는 물건, 마음대로 늘이거나 줄이면서 신통력을 발휘하였다는 물건을 '여의봉'이라 했는데, '같을 여(如)' '뜻 의(意)' '몽둥이 봉(棒)'으로 자기 뜻과 같아지도록 만드는 몽둥이라는 뜻이었다.

역지사지 易地思之

남의 처지에서 생각하는 일, 남과 처지를 바꾸어 생각하는 일을 '역지사지'라 하는데, '바꿀 역(易)' '처지 지(地)' '생각 사(思)' '그것 지(之)'로 처지를 바꾸어서 그것을 생각한다는 뜻이다.

'지(地)'는 '땅'이라는 의미로 많이 쓰이지만 가끔은 '처지' '입장'이라는 의미로도 쓰인다. '지(之)'는 관형격 조사(~의)로 많이 쓰이지만 대명사(그것)로 쓰이기도 한다.

연금 年金

연금은 '해 년(年)' '돈 금(金)'으로 해마다 주는 돈이라는 뜻이다. 정부나 회사 등의 단체가 일정 기간 개인에게 해마다 주는 돈을 일컫는다. 물론 한 달 단위로 지급한다. 생산 활동이 힘든 노후의 생활을 대비하기 위하여 생산 활동 기간에 벌어들인 소득 일부를 적립하여 퇴직 후에 주는 돈이라고 이해하면 된다.

연금술 鍊金術

구리, 납, 주석 등의 비금속(卑金屬)으로 금이나 은 등의 귀금속(貴金屬)을 만드는 기술을 '연금술'이라 하는데 '단련할 연(鍊)' '금 금(金)' '기술 술(術)'로 단련하여 금을 만드는 기술이라는 뜻이다.

'아닐 비(非)'의 비금속(非金屬)도 있지만 '낮을 비(卑)'의 비금속(卑金屬)도 있다. 나무, 플라스틱, 종이, 천, 스티로폼 등은 '아닐 비(非)'의 '비금속'이고, 알루미늄, 철, 니켈, 텅스텐, 몰리브덴, 납, 아연, 주석 등은 '낮을 비(卑)'의 '비금속'이다. 비금속(非金屬)의 반대 말은 금속(金屬)이고, 비금속(卑金屬)의 반대는 귀금속(貴金屬)이다.

연말 정산 年末精算

'연말'은 '해 년(年)' '끝 말(末)'로 한 해의 끝이라는 뜻이고, '정산'은 '자세할 정(精)' '계산할 산(算)'으로 자세하게 계산한나는 뜻이다. 그러니까 연말 정산은 한 해의 끝까지 얻은 소득에 대한 세금을 자세하게 계산하는 일이라는 뜻이다. 급여 소득에서 원천 징수를 한 1년 동안의 소득세에 대해 다음 연도 초에, 여러 상황을 고려하여 넘거나 모자라는 액수를 자세하게 계산하는 일을 일컫는다.

연미복 燕尾服

저고리의 앞은 허리 아래가 없고 뒤는 두 갈래로 길게 내려와 제비 꼬리같이 생긴 남자 양복을 '연미복'이라 하는데, '제비 연(燕)' '꼬리 미(尾)' '옷 복(服)'으로 제비 꼬리처럼 생긴 옷이라는 뜻이다. 군인이 입는 옷이기에 '군인 군(軍)'의 군복(軍服)이고, 규정에 맞는 옷이기에 '규정 제(制)'의 제복(制服)이며, 자기 마음대로 입는 옷이기에 '개인 사(私)'의 사복(私服)이다. 하얗게 차려입은 옷이기에 '흴 소(素)'의 소복(素服)이고, 이미 만들어진 옷이기에 '이미 기(旣)' '이룰 성(成)'의 기성복(旣成服)이다.

연분홍 軟粉紅

분홍은 '가루 분(粉)' '붉을 홍(紅)'으로 가루로 만든 붉음이다. 곡식의 가루는 대부분 '흰색'이기에 '분(粉)'은 '흰색'이라는 의미로도 쓰인다. 그래서 분홍은 흰색이 섞인 붉은색인 것이다. '연할 연(軟)'이 더해진 연분홍은 연한 분홍색이라는 뜻이다.

'연두색'도 있는데, '연할 연(軟)' '콩 두(豆)'로 연한 콩의 색이다. 연녹색, 연회색, 연주황에서의 '연'도 '연하다'는 뜻으로 뒤에 나오는 색보다 옅은 색을 일컫는다.

연비 燃費

자동차가 1리터의 연료로 달릴 수 있는 거리를 '연비'라 하는데 '연료 소비율'의 줄임말이다. '태울 연(燃)' '재료 료(料)' '사라질 소(消)' '사용할 비(費)' '비율 률(率)'의 '연료 소비율'은 자동차가 주행 거리 또는 단위 시간당 소비하는 연료의 양을 말한다.

연예 演藝

연기, 노래, 춤, 만담, 마술 등을 관중 앞에서 공연하는 일을 '연예'라 하는데 '펼칠 연(演)' '예술 예(藝)'로 예술을 펼친다는 뜻이다.

연애 戀愛

상대방을 서로 애틋하게 사랑하여 사귀는 일을 '연애'라 하는데 '사랑할 연(戀)' '사랑 애(愛)'로 사랑하고 사랑한다는 뜻이다.

연인 戀人

서로 사랑하는 관계에 있는 두 사람을 '애인'이라고도 하지만 '연인'이라고도 하는데, '사랑할 연(戀)' '사람 인(人)'으로 사랑하는 사람이라는 뜻이다.

연애에 실패함은 '실패할 실(失)'의 실연(失戀)이고, 슬프게 끝난 사랑은 '슬플 비(悲)'의 비련(悲戀)이다.

연차   年次

해마다 직원에게 주도록 정하여진 유급 휴가를 '연차'라 하는데 '유급 연차 휴가'의 줄임말이다. '있을 유(有)' '급여 급(給)'의 '유급'은 급여가 있다는 뜻이고 '연차'는 '해 년(年)' '횟수 차(次)'로 근무한 연(年) 횟수라는 뜻이다. '휴가'는 '쉴 휴(休)' '틈 가(暇)'로 쉬고 틈을 내는 일이다. 그러므로 '연차'는 급여를 주면서 근무한 기간에 따라 쉬도록 하고 여유를 갖도록 해 주는 일인 거다.

연타   軟打

배구 중계방송에서 "연타 성공"이라는 이야기를 듣는다. '연속해서 치는 일'이라고 이해하는 사람이 많은데, 아니다. '이을 연(連)'도 있지만 '부드러울 연(軟)'도 있다. 강하게 때린다는 '강타(强打)'와 달리 상대 코트의 비어 있는 공간으로 공을 부드럽게 때리는 일을 '부드러울 연(軟)'을 써서 '연타'라 하는 것이다. 연약, 연체동물, 연골 등에서의 '연'도 '부드러울 연(軟)'이다.

관련 어휘

#연약(軟弱):무르고 약함.

#연체동물(軟體動物):몸이 연하고 외투막을 가진 동물로, 달팽이·고둥·조개·문어·오징어 등을 말함.

#연골(軟骨):뼈와 함께 몸을 지탱하는 무른 뼈.

열강 列強

국제 관계에서 강력한 권한을 행사하는 여러 강대국을 '열강'이라 하는데 '여러 열(列)' '강대국 강(强)'으로 여러 강대국이라는 뜻이다. 열차, 열거, 열전, 열도, 열방에서의 '열'도 '여러 열(列)'이다.

열대야 熱帶夜

최저 기온이 섭씨 25도 이하로 내려가지 않는 무더운 밤을 '열대야'라 하는데 '뜨거울 열(熱)' '이을 대(帶)' '밤 야(夜)'로 뜨거움이 밤까지 이어진다는 뜻이다.

열왕기상 列王記上

다윗 왕 19년부터 유다 왕국의 멸망까지의 역사를 기술한 구약성서가 '열왕기'인데 '열왕기상'과 '열왕기하'로 나뉘어 있다. '나열할 열(列)' '임금 왕(王)' '기록 기(記)' '앞 상(上)'으로 여러 임금에 대한 기록 중 앞부분이라는 뜻이다.

열차 列車

기관차에 화차나 객차를 달아 선로를 통해 여객이나 화물을 실어 나르는 차량을 '열차'라 하는데 '나열할 열(列)' '차 차(車)'로 나열해 놓은 차라는 뜻이다. '기차'라고도 하는데, 석탄으로 만든 증기의 힘으로 움직였기 때문에 '증기 기(汽)'를 써서 기차(汽車)라 이름 붙인 것이다.

'전기 전(電)' '철도 철(鐵)'의 '전철'은 전기를 이용하여 움직이는 철도고, '땅 지(地)' 아래 하(下)'의 '지하철'은 땅 아래로 지나다니는 철도다. '느릴 완(緩)' '갈 행(行)'의 '완행열차'는 느리게 가는 열차고, '빠를 급(急)'의 '급행열차'는 빠르게 가는 기차며, '특별할 특(特)'의 '특급 열차'는 특별히 빠르게 가는 열차다. '화차'는 뭐고 '객차'는 뭐냐고?' 물품 화(貨)'의 화차(貨車)는 물품을 나르는 철도 차량이고 '손님 객(客)'의 객차(客車)는 손님(승객)을 태우는 철도 차량이다.

염원   念願

늘 마음속으로 생각하고 간절히 바라는 소원을 '염원'이라 하는데, '생각할 염(念)' '원할 원(願)'으로 생각하고 원하는 바라는 뜻이다. 바람, 꿈, 소망(所望), 동경(憧憬)도 같은 말이다.

염치   廉恥

남에게 신세를 지거나 피해를 주거나 할 때, 체면 차릴 줄 알고 부끄러움을 아는 마음을 '염치'라 한다. '청렴할 염(廉)' '부끄러워할 치(恥)'로 청렴하고 부끄러움을 아는 마음이라는 뜻이다. 체면이나 부끄러움을 모르는 뻔뻔함을 '깨뜨릴 파(破)'를 써서 파렴치(破廉恥)라고도 하고 '없을 몰(沒)'을 써서 몰염치(沒廉恥)라고도 하는데 염치를 깨뜨렸다, 염치가 없다는 뜻이다. 후안무치도 비슷한 뜻이냐고? 그렇다. '두터울 후(厚)' '얼굴 안(顔)' '없을 무(無)' '부끄울 치(恥)'로 얼굴이 두꺼워 부끄러움이 없다는 뜻이니까.

엽기적 　　　　　　　　　　　　獵奇的

비정상적이고 괴이한 것에 호기심과 흥미를 갖고 즐겨 찾아다니는 일을 '엽기적'이라 하는데 '사냥할 엽(獵)' '기이할 기(奇)' '어조사 적(的)'으로 '기이한 것을 좋아해서 쫓아다니는 것을 말한다.

　사냥하는 데 쓰는 총을 '엽총'이라 하고, 총이나 그 밖의 도구를 가지고 산이나 들에서 짐승을 잡는 일을 '사냥할 수(狩)'를 써서 '수렵'이라 한다. 냇가에서 물고기 잡는 일은 '내 천(川)'의 천렵(川獵)이다.

영결식 　　　　　　　　　　　　永訣式

죽은 사람과 산 사람이 영원히 헤어지는 의식을 '영결식'이라 하는데, '영원할 영(永)' '이별할 결(訣)' '의식 식(式)'으로 영원히 이별하는 의식이라는 뜻이다. 장례식(葬禮式)이라고도 하는데 '장(葬)'이 '장사 지내다'이기에 장사 지내는 예식이라는 뜻이다. '장사'는 죽은 사람을 땅에 묻거나 화장하는 일이다.

영구차 　　　　　　　　　　　　靈柩車

시체를 넣은 관을 실어 나르는 특수 차량을 '영구차'라 하는데 '죽은 사람의 존칭 영(靈)' '관 구(柩)' '차 차(車)'로 죽은 사람을 모신 관을 싣는 차량이라는 뜻이다. '운구차'라고도 하는데 '운반할 운(運)' '관 구(柩)'로 관을 운반하는 차량이라는 뜻이다.

영면   永眠

'영면'은 '오랠 영(永)' '잠잘 면(眠)'으로 오래 잠잔다는 뜻이다. '별세'는 '이별할 별(別)' '세상 세(世)'로 세상과 이별하였다는 뜻이고, '서거'는 '떠날 서(逝)' '갈 거(去)'로 이 세상을 떠나 저세상으로 간다는 뜻이다.

  '죽을 사(死)' '죽을 망(亡)'의 '사망'은 죽었다는 뜻이고, '귀천'은 '돌아갈 귀(歸)' '하늘 천(天)'으로 하늘로 돌아갔다는 뜻이며, '될 작(作)' '고인 고(故)'의 '작고'는 고인이 되었다는 뜻이다.

  개신교에서는 '소천'이라 하는데 '부를 소(召)' '하나님 천(天)'으로 하나님이 불렀다는 뜻이다. 가톨릭에서는 '선종'이라 하는데 '선생복종(善生福終)'의 준말로 착하게 살다가 복되게 삶을 마친다는 뜻이다.

영부인   令夫人

대통령의 아내를 '영부인'이라 하는데, '아름다울 영(令)'으로 아름다운 부인이라는 뜻이다. '대통령의 아내'라는 뜻이 아니라 남의 아내를 높여 부를 때 쓰는 말이다.

'영애(令愛)'는 아름답고 사랑스럽다는 뜻으로 남의 딸을 높여 부를 때 쓰는 말이고, '영식(令息)'은 아름다운 자녀라는 뜻으로 남의 아들을 높여 부를 때 쓰는 말이다.

영장   令狀

체포, 구금, 수색, 압수의 명령이나 허가를 내용으로 하여 법원이 발부하는 문서를 '영장'이라 하는데, '명령 령(令)' '문서 장(狀)'으로 명령하는 문서라는 뜻이다. 행정 관청이 내리는 강제적인 명령 문서도 '영장'이라 한다.

예각 鋭角

90°보다 작은 각을 예각이라 하고, 90°보다 큰 각을 둔각이라 하는데, 칼처럼 날카로운 각이라 해서 **날카로울 예(鋭)**'의 '예각'이고, 둔기처럼 무딘 각이라 해서 '무딜 둔(鈍)'의 '둔각'이다. 수평선과 수직선이 이루는 각을 '직각'이라 하는데 '곧을 직(直)'으로 수평선에 곧게 내려와 만든 각이라는 뜻이다.

예금 預金

은행이나 우체국 등에 돈을 맡기는 일을 '예금'이라 하는데 **맡길 예(預)' '돈 금(金)'**으로 돈을 맡긴다는 뜻이다.

금융 기관에 일정 금액을 일정 기간 저금한 다음에 기간 만료 후에 금액을 환불받는 것을 '적금'이라 하는데, '쌓을 적(積)' '돈 금(金)'으로 돈을 조금씩 여러 번 쌓아 간다는 뜻이다.

예비군 豫備軍

예비병으로 편성한 군대를 '예비군'이라 하는데, '예비'는 **미리 예(豫) '준비할 비(備)'**로 필요할 때 쓰기 위하여 미리 준비해 둔다는 뜻이다. 평상시에는 일반 사회인으로서 각자의 생업에 종사하다가, 유사시(有事時)에 동원되어 현역 군부대의 확장이나 향토방위 등 국방의 의무를 수행하기 위해 미리 준비된 군인이라는 뜻이다.

자본주의적 산업에서 기계의 도입과 생산 기술의 발달로 인하여 직업을 잃거나 구하지 못한 노동자의 무리를 '산업예비군'이라 하는데, 현재 생산 활동에 참여하지 못하고 있지만 언제든지 생산 활동에 참여할 수 있도록 미리 준비된 사람이다.

오리무중　　　　　　　　　五里霧中

일의 갈피를 잡을 수 없거나 사람의 행적을 전혀 알 수가 없는 상태를 '오리무중'이라 하는데 '다섯 오(五)' '거리 리(里)' '안개 무(霧)' '가운데 중(中)'으로, 5리(약 2㎞)가 안개 가운데에 있다는 뜻이다. 안개는 시야를 가려 한 치 앞도 볼 수 없도록 만들기 때문에 한 치 앞도 내다볼 수 없는 상황을 일컫는 말로 쓰인다.

미궁에 빠졌다고도 하는데, 미궁은 '헤맬 미(迷)' '집 궁(宮)'으로 헤매는 집이라는 뜻이다. 한 번 들어가면 나올 길을 쉽게 찾을 수 없을 만큼 복잡한 구조로 이루어진 곳을 일컫는다. 사건이나 문제가 얽혀서 쉽게 해결하지 못하게 된 상태를 비유하는 말로 많이 쓰인다.

오비삼척　　　　　　　　　吾鼻三尺

자신의 사정이 급하기에 남을 돌볼 여유가 없음을 '오비삼척'이라 하는데 '나 오(吾)' '코 비(鼻)' '석 삼(三)' '자 척(尺)'으로 '내 코가 석 자'라는 뜻이다. 석 '자'는 길이의 단위로 약 30센티 정도이므로 '석 자'는 90센티가 된다. 코의 길이가 90센티로 늘어났다고 이해하는 것은 옳지 않다. '오비체수삼척(吾鼻涕垂三尺)'을 줄인 말이기 때문이다. '체수'는 '콧물 체(涕)' '늘어뜨릴 수(垂)'로 콧물 늘어진 길이'라는 뜻이다. 남의 문제나 고통에 신경 쓸 여유가 없다는 의미인 거다.

오염수 汚染水

오염된 물은 '오염수'고, 방사능에 오염된 물은 방사능 오염수(放射能汚染水)다. '더러울 오(汚)' '물들 염(染)' '물 수(水)'로 더러움에 물든 물이라는 뜻이다.

오해 誤解

사실과 다르게 해석하거나 뜻을 잘못 이해하는 것을 '오해'라 하는데 '잘못할 오(誤)' '해석할 해(解)'로 잘못 해석하였다는 뜻이다. 곡해(曲解), 왜곡(歪曲)이리고도 한나.

잘못된 예상이나 추측을 오산(誤算)이라 하고, 잘못 보거나 그릇되게 인식하는 것을 오인(誤認)이라 하며, 잘못 판단하는 것을 오판(誤判)이라 한다.

관련 어휘

#곡해(曲解):사실을 옳지 않게 해석함.
#왜곡(歪曲):사실과 다르게 해석하거나 그릇되게 함.

옥탑방 屋塔房

주택이나 빌딩의 맨 꼭대기에 사람이 살 수 있도록 지은 방을 '옥

'탑방'이라 하는데 '집 옥(屋)' '탑 탑(塔)' '방 방(房)'으로 집 위에 탑 처럼 만든 방이라는 뜻이다. 가족을 떠나서 혼자 지내는 사람이 손수 밥을 지어 먹으면서 생활하는 방은 '자취방'인데 '스스로 자 (自)' '불 땔 취(炊)'로 스스로 불을 때서 밥을 해 먹는 방이라는 뜻 이다.

와전   訛傳

사실과 다르게 전해지는 일을 '와전(訛傳)'이라 하는데 '거짓 와 (訛)' '전할 전(傳)'으로 거짓으로 전해졌다는 뜻이다.

　'선전'은 '펼칠 선(宣)' '전할 전(傳)'으로 주장이나 사물의 존재 가치 등을 여러 사람에게 펼쳐서 전하는 일이고, '구전'은 '입 구 (口)' '전할 전(傳)'으로, 입으로 전해 내려온다는 뜻이다.

와해   瓦解

사물, 조직, 계획 등이 산산이 무너지는 것을 '와해'라 하는데, '기 와 와(瓦)' '흩어질 해(解)'로 기와가 깨져서 산산이 흩어지는 것 같 다는 뜻이다.

완강기   緩降機

건물 내에서 불이 났을 때 몸에 밧줄을 매고 높은 층에서 땅으로 천천히 내려올 수 있도록 만든 도르래 모양의 기구를 '완강기'라 한다. '느릴 완(緩)' '내릴 강(降)' '기구 기(機)'로 느리게 내려갈 수 있도록 도와주는 기구라는 뜻이다.

외유 外遊

외국에 나가 여행하는 일을 '외유'라 하는데 '외국 외(外)' '놀 유(遊)'로 외국에 나가서 논다는 뜻이다.

요격 邀擊

'맞을 요(邀)' '칠 격(擊)'의 '요격'은 맞이하여 친다는 뜻이다. 공격해 오는 대상을 기다리고 있다가 도중에서 맞받아치는 일을 일컫는다.

요람 搖籃

사회 보장 제도를 이야기할 때 가장 많이 인용되는 말이 '요람에서 무덤까지'인데, 요람에 누워 있을 때부터 무덤에 갈 때까지 국가가 개인의 기본 생활을 보장한다는 뜻이다. '요람'은 '흔들 요(搖)' '바구니 람(籃)'으로 젖먹이 어린아이를 태우고 흔들기 위해 만든 바구니인데, 사물의 처음 발생지나 근원지를 일컫기도 하고 포근하고 아늑한 자리나 장소를 이르기도 한다.

요실금 尿失禁

오줌이 뜻하지 아니하게 저절로 나오는 증상을 '요실금'이라 하는데 '오줌 뇨(尿)' '실수할 실(失)' '금할 금(禁)'으로 오줌 금하는 일을 실수한다는 뜻이다.

요실금의 원인은 의식이 없는 경우, 괄약근에 이상이 있는 경우, 대뇌 중추에 기능 장애가 있는 경우, 복강 안의 압력이 급격히

상승하는 경우에 나타난다.

요충지 要衝地

땅의 생긴 모양이 작전을 유리하게 할 수 있는 군사적으로 아주 중요한 장소가 되는 곳을 '요충지'라 한다. '중요할 요(要)' '무찌를 충(衝)' '땅 지(地)'로 적을 무찌르는 데 중요한 땅이라는 뜻이다. 중요한 시설물이 있는 곳, 적의 동태를 살피기 유리한 곳, 보급품을 원활하게 받을 수 있는 곳이 요충지가 된다.

용돈 用돈

개인이 자질구레하게 쓰는 돈. 특별한 목적을 갖지 않고 자유롭게 쓸 수 있는 돈을 용돈이라 하는데, '사용할 용(用)'으로 개인이 사사로운 일에 사용하기 위한 돈이라는 뜻이다.

용병 傭兵

일정한 보수를 주고 병역에 복무하도록 하는 병사를 '용병'이라 하는데, 요즘은, 일정한 보수를 받고 다른 나라의 팀에 소속되어 활동하는 운동선수를 비유적으로 이르는 말로 더 많이 쓰인다. '품삯(돈) 용(傭)' '병사 병(兵)'으로 '품삯을 받고 맡은 바 일을 하는 병사'라는 뜻이다.

용역   用役

생산과 소비에 필요한 노동력을 제공하는 일을 '용역'이라 하는데, '이용할 용(用)' '일꾼 역(役)'으로 일꾼으로 이용한다는 뜻이다. 제조, 운반, 배급, 판매 등에 필요한 노동력을 제공하는 일을 일컫는다. 경비, 청소, 운송 등과 같이 주로 생산과 소비에 필요한 육체적 노동을 제공하는 기업체를 용역업체(用役業體)라 한다.

용지   用紙

'용지'는 '사용할 용(用)' '종이 지(紙)'로 일정한 용도로 사용하는 종이라는 뜻이다. A4 용지는 뭐고, B4 용지는 또 뭘까? A4 용지의 2배 크기를 왜 A3라 하고, B4 용지의 반절 크기를 왜 B5라 하는 걸까?

제지 공장에서 생산되는 가장 큰 종이 크기에 A형이 있고 B형이 있다. A형 용지가 841mm×1,189mm인데 비하여 B형 용지는 이보다 큰 1,000mm×1,414mm다. A형 용지를 똑같은 크기로 한 번 잘랐기에 A1이고 A형 용지를 똑같은 크기로 두 번 잘랐기에 A2이다. A4는 A형 용지를 똑같은 크기로 네 번 자른 종이다. 그러니까 A형 용지 한 장으로 A4 용지 16장을 만들 수 있다. A4 용지는 세계적으로 가장 많이 사용되고 있는 종이다.

우수   雨水

길을 가다 만나는 맨홀 뚜껑에서 '오수' '우수'를 만나곤 한다. '우수'는 '비 우(雨)' '물 수(水)'로 빗물이고 '오수'는 '더러울 오(汚)' '물 수(水)'로 설거지나 빨래 등을 하고 난 뒤에 남는 더러워진 물이다.

맨홀은 'man'과 'hole'이 더해진 단어로 사람이 들어가는 구멍이라는 뜻이다. 오수나 우수가 흐르는 파이프에 문제가 생기게 될 때 수리를 위해 사람이 드나들 수 있도록 만들어 놓은 구멍이다.

우울   憂鬱

근심스럽거나 답답하여 활기가 없음을 '우울'이라 하는데 '근심할 우(憂)' '막힐 울(鬱)'로 근심이 많고 막혀 있어서 답답하다는 뜻이다.

우호   友好

개인 사이나 국가 사이에 서로 친하고 사이가 좋음을 '우호'라 하는데 '벗 우(友)' '좋을 호(好)'로 벗처럼 좋다는 뜻이다. 국가 간에 우의의 관계를 유지하기 위하여 체결한 조약을 우호 조약(友好條約)이라 한다.

우화   寓話

동식물을 주인공으로 등장시켜 그들의 행동 속에 풍자와 교훈의 뜻을 나타내는 이야기를 '우화'라 한다. '빗대어 말할 우(寓)' '이야기 화(話)'로 사람의 일을 동물이나 사물에 빗댄 이야기라는 뜻이다.

욱일기   旭日旗

일본 군인의 깃발을 '욱일기'라 하는데, 일본 국기인 일장기의 붉은 태양 문양 주위에 아침 햇살이 퍼져 나가는 모양을 덧붙였다. '욱일기'는 '해 돋을 욱(旭)' '태양 일(日)' '깃발 기(旗)'로 해가 돋을 때의 태양 모양을 그린 깃발이라는 뜻이다.

일본이 아시아 각국을 침략할 때 육군과 해군에서 욱일기를 군기(軍旗)로 사용하였기 때문에 일본 군국주의와 제국주의를 상징하는 깃발로 인식되고 있다.

운집   雲集

사람들이 많이 모여 있음을 운집이라 하는데 '구름 운(雲)' '모일 집(集)'으로 구름처럼 모였다는 뜻이다. 무심운집(無心雲集)이라는 말이 있다. 마음을 비우면 사람들이 구름처럼 모여든다는 뜻으로 욕심을 버리면 사람의 마음을 얻을 수 있다는 이야기다.

원론적   原論的

"인터뷰는 원론적인 수준에서 그쳤다."라 하고 "구체적인 대안 없이 원론적 답변만 되풀이했다."라고도 한다. '근본 원(原)' '이론 론(論)'의 '원론적'은 '근본이 되는 이론 그대로'라는 뜻이다. 누구라도 말할 수 있는 뻔한 내용을 일컫는 경우가 많다.

원주율   圓周率

근삿값 '3.14'로 사용되고 'π'라는 기호로 사용되는 것을 '원주율'

이라 하는데, '둥글 원(圓)' '둘레 주(周)' '비율 율(率)'로 지름을 기준으로 원둘레의 비율이라는 뜻이다. 지름 1cm인 원이라면 원둘레는 3.14cm라는 이야기다.

원천 징수   源泉徵收

납세 의무자가 세금을 계산해 직접 내는 불편을 없애기 위한 제도 중 하나가 '원천 징수'다. 노동의 대가를 지급할 때, 지급하는 측에서 봉급자가 내야 할 세금을 미리 떼어서 대신 내는 제도다. '근원 원(源)' '샘 천(泉)' '거둘 징(徵)' '거둘 수(收)'로, 근원이 되는 샘에서 미리 거두어 간다는 뜻이다.

월척   越尺

낚시로 낚은 매우 큰 물고기를 '월척'이라 하는데 '뛰어넘을 월(越)'에 '자 척(尺)'으로 한 자(30.3cm)를 뛰어넘는다는 뜻이다. 잡은 물고기 길이가 30.3cm를 넘을 만큼 크다는 이야기다.

위선   僞善

'거짓 위(僞)'는 '할 위(爲)'에 '사람 인(人)'이 더해진 글자다. 사람이 하는 일에는 거짓이 많다는 뜻인가? 어쨌든 '위선'은 '거짓 위(僞)'에 '착할 선(善)'으로 거짓으로 착한 체한다는 뜻이다.

거짓이 많은 세상이어서일까? '거짓 위(僞)'가 들어간 단어가 많다. 속일 목적으로 진짜인 것처럼 꾸며서 만들었다는 위조(僞造), 거짓으로 증언하는 일인 위증(僞證), 다른 작품을 베끼거나 비슷하게 만들었다는 위작(僞作), 심리적 요법으로 환자에게 복용시키는 효과 없는 약인 위약(僞藥) 등이 그것이다.

위임　　　　　　　　　　　委任

어떤 일을 책임 지워 맡기는 일을 '위임'이라 하는데 '맡길 위(委)' '맡길 임(任)'으로 어떤 일을 맡긴다는 뜻이다. 한쪽이 상대편에게 사무 처리를 맡기고 상대편은 이를 승낙함으로써 성립하는 계약이다. 위임하는 내용을 적어서 위임받는 사람에게 증거로 주는 문서를 '위임장'이라 하고, 위임장을 내주지 않고 구두(口頭)로 어떤 행위를 위임하는 것을 '구두 위임'이라 한다.

위정척사　　　　　　　衛正斥邪

위정척사(衛正斥邪)는 조선 말기에 유학사늘이 개화를 반대하면서 내세운 주장인데, 외국과의 통상 반대 운동으로 이어지기도 하였다. '지킬 위(衛)' '바를 정(正)' '배척할 척(斥)' '사악할 사(邪)'로 바른 것은 지키고 사악한 것은 배척하자는 주장이었다.

　　유학자들에게는 무엇이 바른 것이고 무엇이 사악한 것이었을까? 성리학은 바른 것이었고 서양의 사상이나 제도는 사악한 것이었다.

유감　　　　　　　　　　　遺憾

마음에 차지 아니하여 못마땅하고 섭섭한 느낌을 '유감'이라 하는데, '남을 유(遺)' '섭섭할 감(憾)'으로 섭섭함이 남아 있다는 뜻이다.

유동성　　　　　　流動性

형편이나 상황에 따라 변할 수 있는 성질을 '유동성'이라 하는데 '흐를 유(流)' '움직일 동(動)' '성질 성(性)'으로 상황의 흐름에 따라 움직이는 성질이라는 뜻이다.

유산소 운동　　　　　有酸素運動

비만이 걱정인 현대인에게 식사량을 줄이는 것과 함께 에너지 소비를 늘릴 수 있는 '유산소 운동'이 효과가 있다고 하는데, '있을 유(有)'의 유산소 운동은 산소를 몸에 있도록 하는 운동이라는 뜻이다.

　운동 중 산소 공급을 통해 지방과 탄수화물을 에너지화해서 소모하게 만드는 전신 운동을 일컫는다. 걷기, 달리기, 자전거 타기, 계단 오르기, 등산, 줄넘기, 스케이트 타기, 수영, 러닝머신 등이 여기에 속한다.

유언비어　　　　　　流言蜚語

아무 근거 없이 널리 퍼진 소문, 터무니없이 떠도는 말을 '유언비어'라 하는데 '흐를 유(流)' '말 언(言)' '날 비(蜚)' '말 어(語)'로 흘러다니는 말과 날아다니는 말이라는 뜻이다. 낭설, 뜬소문이라고도 한다.

유용　　　　　　　　流用

'유용'은 '흐를 유(流)' '사용할 용(用)'으로 물 흘려보내듯 사용한다는 뜻이다. 남의 금전이나 물품을 허가 없이 다른 일에 돌려썼을 때 쓰는 표현이다. '공금 유용(公金流用)'은 국가나 공공 단체의 운영을 위하여 마련한 자금을 개인이 사사로이 마음대로 쉽게 사용하는 일이다.

'구를 전(轉)' '사용할 용(用)'을 쓴 '전용'도 있는데, 사용해야 할 곳에 사용하지 않고 다른 곳에 굴려 사용한다는 뜻이다.

유의 　　　　　　　　　　　　　　留意

마음에 담아 두는 일을 '유의'라 하는데 '머무를 유(留)' '생각 의(意)'로 생각을 머무르게 한다는 뜻이다. 생각을 항상 머무르게 함을 '유념(留念)'이라 하고, 그대로 머물러 일을 맡도록 함을 '유임(留任)'이라 한다. 외국에서 한동안 머물면서 학문이나 예술 등을 공부하는 일을 '유학(留學)'이라 한다.

유인원 　　　　　　　　　　　　　類人猿

고릴라 침팬지 오랑우탄 긴팔원숭이 등을 '유인원'이라 하는데 '닮을 유(類)' '사람 인(人)' '원숭이 원(猿)'으로 '사람과 닮은 원숭이'라는 뜻이다.

유임 　　　　　　　　　　　　　　留任

임기가 만료되었거나 조직이 개편되었음에도 다른 곳으로 옮기지 않고 그 자리나 직위에 그대로 머무르는 일을 '유임'이라 하는데, '머무를 유(留)' '맡을 임(任)'이다. 머무르게 하여 지금까지 했던 일을 그대로 맡도록 한다는 뜻이다.

유출 流出

'흐를 유(流)' '날 출(出)'의 '유출'은 흘러서 밖으로 나간다는 뜻이다. 액체가 밖으로 흘러 나간다는 뜻으로도 쓰이고, 중요한 내용이 조직 밖으로 나간다는 뜻으로도 쓰인다.

융자 融資

자금을 돌려쓰는 일을 '융자'라 하는데 '통할 융(融)' '자금 자(資)'로 자금을 통하게 한다는 뜻이다.

'빌려줄 대(貸)' '줄 부(付)'를 써서 '대부'라고도 하고, '빌려줄 대(貸)' '내보낼 출(出)'을 써서 '대출'이라고도 한다. '통할 통(通)'을 쓴 '융통(融通)'은 돈이나 물품이 없을 때 있는 곳에서 돌려쓰는 일이다.

은퇴 隱退

맡은 바 일에서 물러나거나 사회 활동에서 손을 떼고 한가롭게 지내는 일을 '은퇴'라 하는데 '숨을 은(隱)' '물러날 퇴(退)'로 숨어 지내기 위해 물러난다는 뜻이다.

은행 銀行

개인이나 기업이 예금한 돈을 맡아 관리하면서, 돈이 필요한 사람에게 자금 빌려주는 일을 하는 금융 기관을 '은행'이라 한다. 왜 '금(金)'이 아닌 '은(銀)'일까? 옛날에 화폐 역할을 했던 것이 '은'이었기 때문이다. '행(行)'은 '가다' '다니다' '행동하다'라는 의미로 많이 쓰이지만 '가게'라는 의미로도 쓰인다.

'은행'은 돈을 거래하는 가게라는 뜻이다. 유한양행, 현대양행에서의 '행(行)'도 '가게'라는 뜻이다.

음치 　　　　　　　　　　　音癡

음의 가락이나 높낮이 등을 제대로 분별하지 못하거나 발성하지 못하는 사람을 '음치'라 하는데 '소리 음(音)' '어리석을 치(癡)'로 소리에 어리석은 사람이라는 뜻이다.

박자에 대한 감각이 무뎌서 박자를 잘 맞추지 못하는 사람을 '박치(拍癡)'라 하고, 어리석고 못난 사람을 '천치(天癡)'라 하며, 춤이나 율동 등이 맞지 않고 어설픈 사람을 '몸치'라고 한다.

의병 제대 　　　　　　　　依病除隊

현역 군인이 질병 때문에 국방부의 허가를 받아 예정보다 일찍 제대하는 일을 '의병 제대'라 한다. '의지할 의(依)' '병 병(病)'의 '의병'은 병에 의지한다(병 때문에)는 뜻이고, '제외할 제(除)' '군대 대(隊)'의 '제대'는 군 복무에서 제외된다는 뜻이다.

의가사 제대(依家事除隊)도 있는데 가정 사정에 의해 군대에서 제외된다는 뜻으로 집안 사정으로 예정보다 일찍 제대하는 것을 말한다. 의병 제대와 의가사 제대를 합해 조기 제대(早期除隊)라 하는데 '조기'는 '일찍 조(早)' '시기 기(期)'로 이른 시기라는 뜻이다.

의사상자　　　　　　　　　　　　　義死傷者

직무 외의 행위로서, 남의 생명, 신체, 재산이 위협을 받는 상황을 구제하다가 죽거나 다친 사람을 '의사상자'라 한다.

　'의사상자'는 '사상자'에 '의로울 의(義)'가 더해졌고, '사상자'는 '사자'와 '상자'가 합해졌다. '사자'는 '죽을 사(死)' '사람 자(者)'로 죽은 사람이고 '상자'는 '다칠 상(傷)' '사람 자(者)'로 다친 사람이다. '사상자'에 '의로울 의(義)'가 더해진 '의사상자'는 의로운 일을 하다가 죽거나 다친 사람을 말한다.

의원 면직　　　　　　　　　　　　依願免職

본인의 요청에 따라 그 직위에서 물러나도록 하는 일을 '의원 면직'이라 하는데 '의지할 의(依)' '원할 원(願)' '벗어날 면(免)' '직위 직(職)'으로 원함에 의지해서(따라서) 직위에서 벗어난다는 뜻이다. 강제에 의해서가 아니라 스스로 원해서 그만둠을 일컫는다.

이단　　　　　　　　　　　　　　　　異端

'이단'은 '다를 이(異)' '근본 단(端)'으로 근본이 다르다는 뜻이다. 정통의 가르침에 어긋나는 교파를 적대하여 일컬을 때 쓴다. 성경 해석을 다르게 하는 사람들을 일컬을 때도 사용하고 기존의 질서, 정통, 권위에 도전하는 주장이나 생각을 지칭할 때도 사용한다.

이력서　　　　　　　　　　　　　　履歷書

이력을 적은 문서를 '이력서'라 하는데 '밟을 이(履)' '지날 력(歷)'

'문서 서(書)'의 '이력서'는 밟아서 지나온 내력을 쓴 문서다. 사람이 살아오면서 이룩한 학업이나 종사했던 직업 등의 발자취를 적은 문서인 것이다.

이륙 離陸

비행기가 땅 위를 떠나 떠오르는 일을 '이륙'이라 하는데 '떠날 이(離)' '땅 륙(陸)'으로 땅에서 떠난다는 뜻이다. 반대로 비행기나 비행선 등이 공중에서 땅으로 내려앉는 일인 '착륙'은 '붙을 착(着)' '땅 륙(陸)'으로 땅에 붙는다는 뜻이다.

이면지 裏面紙

물자 절약을 위해 이면지를 사용해야 한다고 하고, 이면지를 사용하면 쓰레기양도 줄이고 환경도 보호할 수 있다고 한다. '이면지'는 '속 리(裏)' '면 면(面)' '종이 지(紙)'로 '속(안) 면의 종이'라는 뜻인데, 안쪽의 면은 사용할 수 있는 종이를 가리킨다. 왕복 4차선 이상이 되는 도로를 '간선 도로'라 하고, 건물 사이에 있는 좁은 도로를 '이면도로'라 하는데 '줄기 간(幹)' '줄 선(線)'의 '간선 도로'이고, '속 리(裏)' '표면 면(面)'의 '이면도로'다.

이명 耳鳴

귀에 잡음이 들리는 병적인 현상을 '이명'이라 하는데 '귀 이(耳)' '울 명(鳴)'으로 귀가 운다는 뜻이다.

　혼자서는 일을 이루기가 어려움을 고장난명(孤掌難鳴)이라 하는데 '한쪽 손바닥으로는 울리기(소리내기) 어렵다'는 뜻이다. '맞서는 이가 없으면 싸움이 되지 않는다'는 의미로 쓰이기도 한다.

이발소　　　　　　　　　理髮所

남자의 머리털을 깎고 다듬어 주는 곳을 '이발소'라 하는데 '다스릴 이(理)' '머리털 발(髮)' '장소 소(所)'로 머리털을 다스리는 장소라는 뜻이다. '이용원'이라고도 했었는데 '다스릴 이(理)' '얼굴 용(容)' '집 원(院)'으로 얼굴을 다스리는 집이라는 뜻이었다.

　'미용실'은 '아름다울 미(美)' '얼굴 용(容)' '집 실(室)'로 얼굴을 아름답게 만들어 주는 집이라는 뜻이다.

이비인후과　　　　　　　耳鼻咽喉科

귀, 코, 목구멍, 기관, 식도에 발생하는 질병의 진단 및 치료를 전문으로 하는 의학의 한 분과를 '이비인후과'라 하는데 '귀 이(耳)' '코 비(鼻)' '목구멍 인(咽)' '목구멍 후(喉)'다. 귀와 코와 목구멍에 생긴 질병을 치료하는 분과라는 뜻이다. '인'과 '후'가 겹치니까 '이비인과'나 '이비후과'로 하면 좋을 것 같은데.

이사　　　　　　　　　　理事

법인의 업무를 집행하고 법인을 대표하여 법률 행위 권한을 가진 업무 집행 기관을 '이사회'라 하고, 이사회의 구성원을 '이사'라 한다. '다스릴 리(理)' '일 사(事)'의 '이사'는 일을 다스리는 사람이라는 뜻이다.

이상　　　　　　　　　　以上

수량, 정도, 위치 등이 일정한 기준보다 더 많거나 낮거나 앞서는 것을 '이상'이라 하는데 '~부터 이(以)' '위 상(上)'으로 '~부터 그 위'라는 뜻이다. 그러기에 5 이상은 5를 포함한다. 5 이하 역시 5를 포함한다.

　'미만'은 '아닐 미(未)' '찰 만(滿)'으로 차 있는 상태가 아니라는 뜻이다. 정해 놓은 수효나 정도에 미치지 못한 것을 일컫는다. '초과'는 '넘을 초(超)' '지나칠 과(過)'로 정해 놓은 수효나 정도를 넘어 지나친다는 뜻이다. '다섯 미만'도 다섯을 포함하지 않고, '다섯 초과' 역시 다섯을 포함하지 않는다.

이역만리　　　　　　　異域萬里

다른 나라 땅의 아주 먼 곳을 '이역만리'라 하는데 '다를 이(異)' '지역(나라) 역(域)' '일만 만(萬)' '거리 리(里)'로 다른 지역(나라)이면서 만 리나 떨어진 머나먼 곳이라는 뜻이다.

이유식　　　　　　　　離乳食

젖을 떼는 시기의 아기에게 먹이는 젖 이외의 음식을 '이유식'이라 하는데, '뗄 이(離)' '젖 유(乳)' '음식 식(食)'으로 젖을 뗄 시기에 먹이는 음식이라는 뜻이다. 이유식은 대부분 부드럽게 만든다. '이유'의 반대말은 '줄 수(授)' '젖 유(乳)'의 '수유'다.

이의   異議

"이의를 제기하였다.", "이의가 있으신 분은 손을 드십시오."라고
하는데 '다를 이(異)' '의견 의(議)'의 '이의'는 '다른 의견'이라는 뜻
이다. 반론(反論), 이론(異論), 이견(異見)이라고도 한다.

이해관계   利害關係

"이해관계가 얽혀 있다."라 하고 "이해관계를 떠나서"라고도 한다.
이익과 손해가 걸려 있는 관계를 '이해관계'라 하는데, '이로울 이
(利)' '손해 해(害)'를 쓴 '이해'는 이익과 손해를 아울러 이르는 말
이다.
　　동음이의어에 '이치 이(理)' '풀 해(解)'의 이해가 있는데 이치를
풀어낸다는 뜻이다. '사리를 분별하여 해석함' '남의 사정을 잘 헤
아려 너그러이 받아들임'이라는 의미로 쓰인다.

익명   匿名

'익명'은 '숨길 익(匿)' '이름 명(名)'으로 자신의 이름을 숨긴다는
뜻이다. 어떤 일을 하면서 자기 신분을 드러내지 않기 위해 이름
을 밝히지 않는 일을 말한다.

인가   認可

법률상의 효력을 완성하도록 행정 처분 내리는 일을 '인가'라 하
는데 '인정할 인(認)' '가능할 가(可)'로 정당하다고 인정하여 가능
하도록 한다는 뜻이다. '허락할 허(許)' '인정할 가(可)'의 '허가'는

금지된 행위를 해제하여서 할 수 있도록 허락해 주고 인정해 준다는 뜻이다. 인가와 허가를 아울러서 인허가(認許可)라 한다.

인공위성   人工衛星

'인공'은 '사람 인(人)' '만들 공(工)'으로 사람이 만든 물건이라는 뜻이다. 위성은 '지킬 위(衛)' '별 성(星)'으로 행성을 지키기 위해 행성 주위를 도는 별이다.

인공위성은 위성은 위성인데 사람이 만든 위성을 일컫는다. 줄여서 '위성'이라고도 하는데 과학 위성, 통신 위성, 기상 위성, 군사 위성 등으로 분류한다.

인면수심   人面獸心

사람의 도리를 지키지 못하고 배은망덕한 사람, 또는 행동이 흉악하고 음탕한 사람을 '인면수심'이라 한다. '사람 인(人)' '얼굴 면(面)' '짐승 수(獸)' '마음 심(心)'으로 사람의 얼굴이지만 짐승의 마음을 가지고 있다는 뜻이다.

인문학   人文學

'인문학'은 '사람 인(人)' '문화 문(文)' '학문 학(學)'으로 사람이 만든 문화에 관해 연구하는 학문이라는 뜻이다. 국어사전은 '인간의 언어, 문학, 예술, 철학, 역사 등을 연구하는 학문'이라 설명하고 있다.

인생무상   人生無常

'인생무상'은 '없을 무(無)' '항상 상(常)'으로 인생살이에 항상 그대로인 것은 없다는 뜻이다. 인생은 헛되고 덧없으며 언제든지 변한다는 사실을 이야기할 때 쓰는 표현이다.

인지상정   人之常情

"불쌍한 사람을 동정하는 것은 인지상정 아닐까요?"라고 하는데, '인지상정'은 '사람 인(人)' '~의 지(之)' '보통 상(常)' '감정 정(情)'으로 사람의 보통 감정이라는 뜻이다. 사람이라면 누구나 가질 수밖에 없는 보통의 감정을 일컫는다.

인질   人質

약속을 지키는 것에 대한 담보가 되어 상대편에게 붙잡혀 있는 사람을 '인질'이라 하는데 '사람 인(人)' '저당물 질(質)'로 저당물로 잡혀 있는 사람이라는 뜻이다.

인파   人波

사람이 많이 모여 있는 모습을 '인파'라 하는데 '사람 인(人)' '파도 파(波)'를 쓴다. 사람이 파도처럼 많다는 뜻이다.

부모를 뵙기 위하여 객지에서 고향으로 가는 사람을 귀성 인파(歸省人波)라 하고, 피서를 즐기려 몰려든 사람을 피서 인파(避暑人波)라 하며, 오는 사람을 기쁜 마음으로 반갑게 맞이하기 위해 모인 사람을 환영 인파(歡迎人波)라 한다.

일 　　　　　　　　　　　　　　　　　　　　　　　　日

'일(日)'은 태양(sun), 날(day), 일본(japan), 일요일(sunday)이라는 의미로
많이 쓰인다. 일조량(日照量), 일광욕(日光浴), 일출(日出), 일몰(日沒)
에서는 '태양'이라는 의미고, 일상(日常), 일기(日記), 일용직(日用職),
생일(生日)에서는 '날'이라는 뜻이다.

　일제 강점기(日帝强占期), 친일파(親日派), 재일 교포(在日僑胞)에서
는 '일본'이라는 의미이다. 토일반(土日班), 일요 모임에서는 '일요
일'이라는 뜻이다.

일제 　　　　　　　　　　　　　　　　　　　　　　　　日帝

'일제'는 '일본 제국주의'의 준말이다. '제국주의'는 '황제 제(帝)'
'나라 국(國)'으로 황제가 다스리는 나라로 만들겠다는 관념 체계
이다. '왕'은 작은 영토를 지배하는 사람이고 '황제'는 넓은 영토
를 지배하는 사람이다. 황제가 되려면 남의 나라를 침략하지 않으
면 안 된다. 그러니까 제국주의(帝國主義)는 '우월한 군사력과 경제
력으로 다른 나라나 민족을 정벌하여 대국(大國)을 건설하려는 침
략주의적 경향이다. '일제(日帝)'는 '남의 나라를 침략하여 큰 나라
로 만들겠다는 망상을 가진 일본'이라는 뜻인 거다.

일축 　　　　　　　　　　　　　　　　　　　　　　　　一蹴

제안이나 부탁 등을 단번에 거절하거나 물리치는 일, 소문이나 의
혹, 주장 등을 단호하게 부인하거나 더는 거론하지 않음을 '일축'
이라 하는데 '한 번 일(一)' '찰 축(蹴)'으로 한 번에 차서 멀리 보내
버린다는 뜻이다.

일화 逸話

어떤 사건이나 인물에 대해 세상에 널리 알려지지 않은 흥미로운 이야기를 '일화'라 하는데 '숨을 일(逸)' '이야기 화(話)'로 숨겨진 이야기라는 뜻이다.

자가당착 　　　　　　　自家撞着

말이나 행동의 앞뒤가 맞지 않고 모순되는 상황을 '자가당착'이라 하는데 '자기 자(自)' '집 가(家)' '칠 당(撞)' '붙일 착(着)'이다. 자기 집을 부순 후 다시 수리한다는 뜻이다.

자괴감 　　　　　　　　　自愧感

스스로 부끄러워하는 마음을 '자괴감'이라 하는데 '자기 자(自)' '부끄러울 괴(愧)' '감정 감(感)'으로 자기 자신에게 부끄러움을 느끼는 감정이라는 뜻이다. 좋게 느끼는 감정은 '좋을 호(好)'의 호감(好感)이고, 남의 주장이나 감정이나 생각 등에 찬성하여 자기도 그렇다고 느끼는 감정은 '함께 공(共)'의 공감(共感)이며, 자신을 책망하는 마음은 '꾸짖을 책(責)'의 자책감(自責感)이다.

자연 　　　　　　　　　　自然

사람의 힘이 더해지지 않고 세상에 저절로 존재하거나 우주에서 저절로 이루어지는 모든 존재나 상태를 '자연'이라 하는데, '저절로 자(自)' '그럴 연(然)'으로 저절로 그렇게 존재하는 것이라는 뜻이다. 사람의 힘이 더해지지 아니하고 저절로 생겨나 존재하는 산, 강, 바다, 식물, 동물 등을 일컫는다.

자음 　　　　　　　　　　子音

ㄱ, ㄴ, ㄷ, ㄹ, ㅁ, ㅂ 등을 자음이라 하고 ㅏ, ㅑ, ㅓ, ㅕ, ㅗ, ㅛ 등을 모음이라 한다. '자식 자(子)'의 자음이고 '어미 모(母)'의 모음

이다.

　자음이라 이름 붙인 이유는 혼자서는 생활하지 못하는 아이처럼 혼자서는 소리를 내지 못하기 때문 아닐까? 모음이라 이름 붙인 이유는 혼자서도 뭐든지 잘하는 엄마처럼 혼자서도 소리를 내기 때문 아닐까?

자존심　　　　　　　　　　自尊心

남에게 굽히지 않고 자기를 스스로 높이는 마음을 '자존심'이라 하는데 '자신 자(自)' '높일 존(尊)' '마음 심(心)'으로 자신을 높이는 마음이라는 뜻이다. '자랑할 긍(矜)'을 써서 '자긍심'이라고도 하고, '업을 부(負)'를 써서 '자부심'이라고도 한다.

잡지　　　　　　　　　　　雜誌

일정한 이름을 가지고 호를 거듭하며 정기적으로 간행하는 출판물을 '잡지'라 하는데 '섞일 잡(雜)' '기록할 지(誌)'다. 다양한 성격의 글이 섞여 있는 기록이라는 뜻이다. 시, 소설, 수필 등 문학적인 글도 실리고 논설문 설명문, 기행문, 칼럼 등도 실리며 인터뷰나 소개 글도 실리는 이유다.

　간행 주기에 따라 주간, 순간, 월간, 계간으로 나뉘는데 '이레 주(週)' '열흘 순(旬)' '달 월(月)' '계절 계(季)'이고 '책 펴낼 간(刊)'이다.

장학금　　　　　　　　　　　　獎學金

경제적 이유로 학업에 어려움을 겪는 학생에게 주는 돈, 또는 학문의 연구를 돕기 위하여 연구자에게 주는 돈을 '장학금'이라 한다. '권면할 장(獎)' '학문 학(學)' '돈 금(金)'으로 학문 연구를 권면하기 위한 목적으로 주는 돈이라는 뜻이다. 장학금을 받는 학생은 '사람 생(生)'의 장학생(獎學生)이다.

장화　　　　　　　　　　　　　長靴

목이 무릎 언저리까지 올라오는 신을 '장화'라 하는데 '긴 장(長)' '신발 화(靴)'로 긴 신발이라는 뜻이다. 반대로, 목이 짧거나 발목 아래로 오는 구두, 또는 굽이 낮은 여자용 구두는 '짧을 단(短)'의 '단화'다.

재수생　　　　　　　　　　　　再修生

'재수생'은 아름다운 이름이다. '다시 재(再)' '닦을 수(修)' '학생 생(生)'으로 '다시 한번 더 학문을 닦는 학생'이라는 뜻이기 때문이다. 부족함을 인정하고 겸손한 자세로 한 번 더 수양(修養)을 자처한 재수생! 얼마나 겸손하고 얼마나 대견스러운가?

　더 닦아야 하고 부족함 많음에도 더 닦을 것이 없는 양 대충 넘기는 사람 많은 세상인데.

재야　　　　　　　　　　　　　在野

'재야인사'라 하고, '재야의 고수'라고도 한다. '재야'는 '있을 재

(在)’‘들 아(野)’로 비바람 치는 들판에 있다는 뜻이다. 제도권 정당
에 속하지 않은 세력이라는 뜻으로도 쓰이고, 공식적인 자리가 아
닌 민간에 있다는 뜻으로도 쓰인다.

　‘재경 동문회’‘재경 향우회’라고 하는데 ‘있을 재(在)’‘서울 경
(京)’으로 ‘서울에 있는’이라는 뜻이다.

재적　　　　　　　　　　　　　　　在籍

‘재적’과 ‘제적’이 헷갈릴 수 있지만 한자로 이해하면 헷갈리지 않
는다. ‘재적’은 ‘있을 재(在)’‘장부 적(籍)’으로 장부에 이름이 있다
는 뜻이고, ‘제적’은 ‘없앨 제(除)’‘장부 적(籍)’으로 장부에서 이름
을 없앤다는 뜻이기 때문이다. “재적 회원이 300명이 넘는다.”라
하고, “이번 사건으로 3명이 제적되었다.”라고 한다.

재형저축　　　　　　　　　　　　財形貯蓄

근로자가 소득 일부를 일정 기간 저축함으로써 목돈, 주택, 주식
등의 재산을 마련할 수 있도록 정부, 금융 기관, 사업주 등이 지원
하여 주는 저축을 ‘재형저축’이라 하는데 재산 형성 저축의 줄임
말이다.

저돌적　　　　　　　　　　　　　猪突的

앞뒤를 따져 보지 않고 마구 내닫거나 덤비는 행동을 ‘저돌적’이
라 하는데 ‘돼지 저(猪)’‘갑작스러울 돌(突)’로 돼지처럼 갑작스럽
게 덤빈다는 뜻이다. 돼지고기에 갖은양념을 넣어 볶다가 채소를

넣고 다시 볶아서 만든 음식을 '제육볶음'이라 한다. '돼지 저(猪)' '고기 육(肉)'이기에 '저육볶음'이라 해야 옳은데 발음을 쉽게 하느라 '제육볶음'이라고 읽는다.

저축　　　　　　　　　　　　　　　貯蓄

절약하여 모아 두는 일, 소득 중에서 소비로 지출되지 않는 부분을 '저축'이라 하는데 '쌓을 저(貯)' '쌓을 축(蓄)'으로 쌓고 또 쌓는다는 뜻이다. '쌓을 저(貯)' '돈 금(金)'의 '저금'도 돈을 쌓아 나가는 일이라는 뜻이다.

적법　　　　　　　　　　　　　　　適法

정해진 법규에 들어맞음을 '적법'이라 하는데 '맞을 적(適)' '법 법(法)'으로 법에 맞는다는 뜻이다. 반대는 '어길 위(違)'의 위법(違法)이다.

적자생존　　　　　　　　　　　適者生存

'적자생존'을 강한 자만 살아남는다는 뜻으로 이해하는 경우가 많은데, 그렇지 않다. '적응할 적(適)' '것 자(者)' '살 생(生)' '존재할 존(存)'으로 적응하는 것만이 살아 존재할 수 있다는 뜻이기 때문이다. 적응하는 것이 강한 것이 될 수 있지만 어쨌든 강한 것보다 적응하는 것이 중요한 것임은 분명한 사실이다.

　'자(者)'는 소비자(消費者), 필자(筆者), 지도자(指導者), 시청자(視聽者), 피해자(被害者), 유권자(有權者), 환자(患者) 후보자(候補者)에서처

럼 '사람'이라는 뜻으로 많이 쓰이지만 '것' '일' '물건' '장소' '때' '경우'라는 뜻으로 쓰이기도 한다.

적조 현상　　　　　　　　　　赤潮現象

동물성 플랑크톤이 번식하여 바닷물이 붉게 보이는 현상을 '적조 현상'이라 하는데, '붉을 적(赤)' '바닷물 조(潮)'로 붉은 바닷물로 변하는 현상이라는 뜻이다.

　강, 바다, 호수, 연안에 유기물 염류가 흘러들어 물속에 영양물질이 퍼지게 되면, 그 영양물질이 풍부한 물은 식물 플랑크톤의 성장과 번식을 신속하게 진행되도록 만든다. 이때 맑은 물이 붉은색이나 황갈색의 물로 변하게 되는 것이다.

전과　　　　　　　　　　　　全科

초등학생 참고서로 '전과'와 '수련장'이 전부였던 때가 있었다. '전과'는 '모두 전(全)' '과목 과(科)'로 모든 과목 자습서의 줄임말이었다. '수련장'은 '닦을 수(修)' '익힐 련(練)' '책 장(帳)'으로 공부한 내용을 닦고 익히기 위한 책이었다.

전단지　　　　　　　　　　　傳單紙

선전하거나 광고하는 글이 적힌 종이를 '전단지'라 하는데 '전할 전(傳)' '하나 단(單)' '종이 지(紙)'로 내용을 전해 주기 위해 만든 한 장짜리 종이라는 뜻이다. 음란물 등의 인쇄물을 불법 전단지(不法傳單紙)라 하고, 명함 크기의 작은 인쇄물을 명함 전단지(名銜傳單

紙)라고 한다.

전매   轉賣

"미등기 전매"라고 하고 "전매 차액을 노리는 부동산 투기"라고도 하는데, '전매'는 '굴릴 전(轉)' '팔 매(賣)'로 굴려서 판다는 뜻이다. 샀던 것을 사용하지 않고 다른 사람에게 되팔아 넘기면서 이익을 취하는 일을 일컫는다. 투기 거래 방법의 하나다.

전매특허   專賣特許

'전매'는 '오로지 전(專)' '팔 매(賣)'로 남은 팔지 못하게 하고 오로지 자신만 판다는 뜻이고, '특허'는 '특별할 특(特)' '허락할 허(許)'로 특별히 허락한다는 뜻이다. 발명을 보호하거나 장려하기 위하여 발명품의 판매 독점권을 허가하는 일을 일컫는다. 독차지하여 담당하는 일을 일컬을 때도 사용한다.

전문   全文

'전문'도 동음이의어가 많다. 한 분야에 대해 풍부하고 깊이 있는 지식과 경험을 가지고 그 일만 한다는 '오로지 전(專)' '문 문(門)'의 '전문(專門)', 한 부분도 빠지거나 빼지 아니한 전체 문장이라는 '모두 전(全)' '글 문(文)'의 '전문(全文)', 앞부분에 해당하는 글이라는 '앞 전(前)' '글 문(文)'의 '전문(前文)'이 그것이다.

전병   煎餅

찹쌀가루, 밀가루, 수수 가루 등을 반죽하여 둥글넓적하게 번철에 지진 음식을 '전병'이라 하는데 '지질 전(煎)' '떡 병(餅)'으로 지진 떡이라는 뜻이다. 일이나 물건이 제대로 되지 아니하였거나 아주 잘못된 상태를 비유적으로 말할 때도 쓴다.

전보   轉補

조직원의 능력 개발을 유도하고 조직 목적의 효율성을 도모하기 위하여 자리 옮기는 일을 '인사이동(人事移動)'이라 하는데, 수직적 이동인 '승진'과 수평적 이동인 '전직' '전보'가 있다.

    직급이 올라감은 '오를 승(昇)' '나아갈 진(進)'의 '승진'이고, 임무를 바꿔 일함은 '구를 전(轉)' '임무 직(職)'의 '전직'이다. '전보'는 '구를 전(轉)' '보충할 보(補)'로 빈자리를 메우기 위해 장소를 굴러(바꾸어) 일한다는 뜻이다.

전세   傳貰

부동산의 소유주에게 일정한 돈을 맡기고 집이나 방을 빌려 쓰다가, 내놓을 때 그 돈의 전액을 돌려받는 제도를 '전세'라 한다. '전할 전(傳)' '빌릴 세(貰)'로 돈을 전해 주고 집이나 방을 빌린다는 뜻이다. '달 월(月)'을 쓴 '월세'는 다달이 돈을 내고 빌려 쓰는 집이나 방이다.

전신주 　　　　　　　　　　　　電信柱

전선이나 전화선을 늘여 매기 위해 세운 큰 기둥을 '전신주'라 하는데 '전기 전(電)' '신호 신(信)' '기둥 주(柱)'로 전기나 신호를 보내기 위해 세운 기둥이라는 뜻이다. '전봇대'라고도 하는데 '전보'는 '전기 전(電)' '알릴 보(報)'로 전기 신호를 이용해 알린다는 뜻이고, '대'는 가늘고 긴 막대를 뜻하는 우리말이다.

전역 　　　　　　　　　　　　　轉役

군대 복무가 해제되어 군인 신분에서 민간인 신분이 되는 일을 '전역'이라 하는데 '옮길 전(轉)' '역할 역(役)'으로 현역(現役)에서 예비역(豫備役)으로 역할을 옮겼다는 뜻이다. '제대'라고도 하는데 '제외할 제(除)' '군대 대(隊)'로 군대에서 제외되었다는 뜻이다.

전위 예술 　　　　　　　　　　前衛藝術

선구적이고 새로운 표현 기법으로 실험적인 작품을 만들려는 예술 경향을 '전위 예술'이라 하는데 다다이즘, 추상 예술, 초현실주의 등이 이에 해당한다.

　전위는 '앞 전(前)' '지킬 위(衛)'로 남들보다 앞서 나가면서 지켜준다는 뜻이다. 부대 이동 시 본대보다 앞서가면서 아군의 전투를 유리하도록 만드는 임무를 맡은 부대가 '전위대'이기에, 선구적이고 실험적인 창작을 시도하는 예술을 '전위 예술'이라 이름 붙인 것 같다. 배구나 복식 테니스 경기에서는 앞쪽의 수비자를 일컫는다.

전지전능 　　　　　　　全知全能

"전지전능하신 하느님"이라 한다. '모두 전(全)' '알 지(知)' '능할 능(能)'으로 모든 것을 알고 모든 일을 능히 할 수 있다는 뜻이다.

　　소설의 서술 방식에 전지적 작가 시점이 있다. 서술자가 소설 바깥에서 전지적인 신처럼 각 인물의 내면을 알고 있는 듯 서술하는 방식이다.

전천후 　　　　　　　　全天候

어떠한 상황에서도 제 기능을 다할 수 있는 상황을 '전천후'라 하는데, '모두 전(全)' '자연 천(天)' '기후 후(候)'로 모든(어떠한) 자연과 기후에서 가능하다는 뜻이다. 전천후 농업(全天候農業)은 모든 자연과 기후에서도 가능하다는 뜻으로 홍수나 가뭄 등의 나쁜 기상 조건에서도 별지장 없이 지을 수 있는 농사를 일컫는다.

전철 　　　　　　　　　電鐵

'전철'은 '전기 철도'의 줄임말이다. '철도'는 '쇠 철(鐵)' '길 도(道)'로 철제를 두 줄로 깔아 놓은 길이라는 뜻이지만 열차를 이용한 운송 수단이라는 의미로 쓰이고 있다. 전철은 전기 힘으로 궤도 위를 달리는 운송 수단인 것이다. '지하철'은 지하로 달리는 전기 철도다.

전형 　　　　　　　　　銓衡

사람의 됨됨이나 재능 등을 가려서 사람을 뽑는 일을 '전형'이라 하는데 '저울질할 전(銓)' '저울질할 형(衡)'으로 인간성이나 재능을 저울질하고 또 저울질한다는 뜻이다.

절도 竊盜

남의 물건을 몰래 훔치는 일을 '절도'라 하는데 '훔칠 절(竊)' '훔칠 도(盜)'로 훔친다는 뜻이다. 폭행이나 협박 등으로 남의 재물을 빼앗는 도둑을 '강도'라 하는데 '강압 강(强)' '훔칠 도(盜)'로 힘을 이용하여 남의 물건을 훔친다는 뜻이다. 못된 꾀로 남을 속이는 일, 사람을 속여서 착오를 일으키도록 하는 일을 '사기'라 하는데 '속일 사(詐)' '속일 기(欺)'로 남을 속인다는 뜻이다.

점심 點心

'점심'은 '점찍을 점(點)' '마음 심(心)'으로 마음에 점을 찍는다는 뜻이다. 점을 찍는다는 건 아주 조금 먹었다는 의미이다.

가난했던 시절, 먹을 것이 없었던 시절에는 먹을 것이 부족했기에 일하다 말고 잠깐 쉬면서 아주 조금 먹었을 뿐이니까.

정기 예금 定期預金

일정하게 정해진 시기나 기한을 '정기'라 하는데 '정할 정(定)' '기간 기(期)'로 기간을 정해놓았다는 뜻이다. 반대로 미리 정하지 않고 그때그때 필요에 따라 정한 것을 '임시'라 하는데 '임할 임(臨)' '때 시(時)'로 '때에 임하여'라는 뜻이다.

정기 예금과 정기 적금은 어떻게 다르냐고? '정기 예금'은 '미리 예(豫)'로 기간을 정해 놓고 미리 맡긴 돈이라는 뜻이다. 즉, 기간을 정하여 그 안에는 찾지 않겠다는 예금인 것이다. '정기 적금'은 '쌓을 적(積)'으로 정해진 기간에 정해 놓은 돈을 쌓아 가는 일이다.

정년　　　　　　　　停年

직장에서 물러나도록 정해져 있는 나이를 '정년'이라 하는데 '멈출 정(停)' '나이 년(年)'으로 일을 멈추는 나이라는 뜻이다.

정맥　　　　　　　　靜脈

혈액이 허파 및 신체의 말초 모세관으로부터 심장으로 되돌아올 때 통하는 혈관을 '정맥'이라 하는데 '고요할 정(靜)' '맥박 맥(脈)'으로 고요한 맥박이라는 뜻이다.

　심장에서 배출된 혈액을 신체 각 부분으로 흘려보내는 혈관은 '동맥'인데, '움직일 동(動)'으로 힘차게 움직이는 맥박이라는 뜻이다. 심장에서 배출될 때는 힘찬 움직임이 있고 심장으로 들어갈 때는 힘이 없어 조용하다고 이해하면 된다.

정수기　　　　　　　淨水器

마실 물을 깨끗하게 하는 기구를 '정수기'라 하는데 '깨끗할 정(淨)' '물 수(水)' '기구 기(器)'로 물을 깨끗하게 만드는 기구라는 뜻이다. 더러운 것을 깨끗하게 변화시키는 일은 '변화 화(化)'의 정화(淨化)고, 씻어서 깨끗하게 만드는 약제는 '씻을 세(洗)' '약 제(劑)'

의 세정제(洗淨劑)다.

제고   提高

'제고'는 '끌 제(提)' '올릴 고(高)'라는 한자를 쓴다. 수준이나 정도를 끌어서 올린다는 뜻이다. 표기는 다르지만 비슷한 발음의 '재고'는 '다시 재(再)' '생각할 고(考)'로 어떤 대상이나 사실에 대하여 다시 생각하여 헤아림을 말한다. 아직 상점에 내놓지 않았거나 팔다가 남아서 창고에 남아 있게 된 물품을 일컫는 '재고'도 있는데 '있을 재(在)' '창고 고(庫)'로 창고에 있다는 뜻이다.

제습기   除濕機

축축함을 없애기 위해 사용하는 기구를 '제습기'라 하는데 '없앨 제(除)' '축축할 습(濕)' '기계 기(機)'로 축축함을 없애는 기계라는 뜻이다. 잡초를 없애는 데 쓰는 약제를 제초제(除草劑)라 하고, 눈을 치우는 차를 제설차(除雪車)라 하며, 털을 없애기 위해 사용하는 약을 제모제(除毛劑)라 한다.

동상이나 기념비 등을 세운 후 축하하는 의식을 제막식(除幕式)이라 하는 이유는 덮어 놓았던 막을 없애는 의식이기 때문이다. '없앨 제(除)' '막 막(幕)' '의식 식(式)'을 쓴다.

제창   齊唱

'애국가 제창'처럼 두 사람 이상이 가지런한 가락으로 동시에 노래하는 것을 '제창'이라 하는데 '가지런할 제(齊)' '노래할 창(唱)'으로 가지런한 음으로 노래한다는 뜻이다. '합창'은 '합할 합(合)'으로 여러 성부로 된 악곡을 여러 사람이 각기 맡아 부르는 일이다.

조감도   鳥瞰圖

관광 안내도, 조경 공사 계획, 건축 현장 등에서 볼 수 있는 높은 곳에서 내려다보았을 때의 모양을 그린 그림이나 지도를 '조감도'라 하는데, '새 조(鳥)' '볼 감(瞰)' '그림 도(圖)'로 새가 내려다본 것을 그린 그림이라는 뜻이다. 새가 높은 하늘에서 아래를 내려다보는 것처럼 전체를 한눈으로 관찰하는 일을 '조감'이라 한다.

조문객   弔問客

남의 죽음에 대하여 슬퍼하는 뜻을 드러내어 상주를 위문하러 온 사람을 '조문객'이라 하는데 '조상할 조(弔)' '위문할 문(問)' '손님 객(客)'으로 조상하며 위문하러 온 손님이라는 뜻이다. '조상하다'는 남의 죽음에 대하여 슬퍼하는 뜻을 드러내는 일이다.

조미료   調味料

음식의 맛을 알맞게 맞추는 데 사용하는 재료를 '조미료'라 하는데 '조절할 조(調)' '맛 미(味)' '재료 료(料)'로 맛을 조절하는 재료라는 뜻이다.

　다시마, 버섯, 멸치, 새우, 생강, 참깨, 고추, 양파, 기름처럼 천연 원료를 이용하여 만든 것을 '천연 조미료'라 하고, 구수하고 감칠맛이 나는 성분을 화학적으로 합성하여 만든 조미료를 화학조미료, 인공 조미료, 발효 조미료라 한다.

조율 調律

일이나 의견 등을 적절하게 다루어 조화롭게 하는 것을 '조율'이라 하는데, '고를 조(調)' '가락 율(律)'로 가락을 고른다는 뜻이다. 악기의 음을 일정한 표준음에 맞도록 고르는 일이라는 뜻으로 쓰이기도 한다. 절충(折衝), 조절(調節), 조정(調整)도 비슷한 말이다.

조장 助長

'도울 조(助)'에 '자라날 장(長)'을 쓴 '조장'은 도와서 자라나도록 한다는 의미이지만, 의도적으로 어떤 나쁜 경향이 더 심해지도록 도와서 북돋운다는 부정적 의미로 더 많이 쓰인다. 어떤 농부가 모를 심었는데 좀처럼 자라지 않았다. 빨리 자라게 하고 싶은 욕심에 힘들여서 하나씩 뽑아 올렸고, 그것 때문에 며칠 지나지 않아 전부 말라 죽고 말았다는 이야기에서 나온 말이기 때문이다. 빨리 키우려는 욕심 때문에 일을 망쳐 버린 고사에서 나왔기에 나쁜 결과가 나오도록 도와준다는 의미로 쓰이는 것이다.

종교 宗敎

신이나 초자연적인 절대자에 대한 믿음을 통하여 인간 생활의 고뇌를 해결하고 삶의 궁극적인 의미를 추구하는 문화 체계를 '종교'라 한다. '종(宗)'은 '근본' '일의 근원' '우두머리'라는 뜻이고 '교(敎)'는 '가르침' '교리'라는 뜻이니까, '종교'는 근본에 대한 가르침이라는 뜻이다. 삶의 꼭대기에 있는 가르침, 삶에서 첫 번째 중요한 가르침이라고 이해해도 좋다.

종량제   從量制

쓰레기의 양에 따라 쓰레기 처리 비용을 다르게 내도록 하는 제도를 '쓰레기 종량제'라 하는데 '따를 종(從)' '양 량(量)' '제도 제(制)'로 쓰레기의 양에 따라서 비용을 내도록 하는 제도라는 뜻이다.

쓰레기의 양이 많으면 수거료를 많이 내도록 하고 쓰레기의 양이 적으면 수거료를 적게 내도록 하는 제도다. 쓰레기만 종량제인 것이 아니고 전기 요금, 상수도 요금, 가스 요금, 택시 요금도 종량제다. 사용한 양에 따라 요금을 내기 때문이다. 그런데 종량제가 아닌 게 있다. 인터넷 요금과 텔레비전 시청료, 시내버스 요금 등이 그것이다.

좌시   坐視

'좌시'는 '앉을 좌(坐)' '볼 시(視)'로 '앉아서 본다'라는 의미이다. 어떤 일이 벌어졌는데 참견하지 않고 조용히 앉아서 보고만 있는 것이 '좌시'인 것이다.

가볍게 보고 대수롭지 않게 여김은 경시(輕視), 사물의 존재나 가치를 알아주지 않음은 무시(無視)다. 곁눈질하여 흘겨봄은 '비스듬할 사(斜)'의 사시(斜視), 밉게 보는 것은 '미워할 질(嫉)'의 질시(嫉視), 업신여겨 깔봄은 '업신여길 멸(蔑)'의 멸시(蔑視), 눈여겨보는 것은 '정신 쏟을 주(注)'의 주시(注視)다. "좌시하지 않겠다"는 가

만히 보고 있지만은 않을 것이니 함부로 행동하지 말라는 경고의
표현이다.

주입식　　　　　　　　　　　注入式

기억과 암기를 주로 하여 가르치는 방식, 일방적으로 불어넣거
나 기계적으로 외우게 하는 방식을 '주입식'이라 하는데 '물 댈 주
(注)' '들 입(入)' '방법 식(式)'으로 물을 들이붓듯 억지로 들어가게
한다는 뜻이다.

죽마고우　　　　　　　　　　竹馬故友

어렸을 때부터 친하게 지냈던 친한 친구를 '죽마고우'라 하는데
'대나무 죽(竹)' '말 마(馬)' '옛 고(故)' '벗 우(友)'로 대나무로 만든
말을 타고 함께 놀았던 옛 친구라는 뜻이다. 대나무로 만든 말이
뭐냐고? 긴(약 2m) 대나무에 짧은(약 25cm) 대나무를 직각이 되도록
묶은 놀이 기구다. 양손으로 각각 긴 대나무를 잡고 가로로 묶은
작은 대나무에 발을 얹어서 걷는 놀이 기구다. 가랑이 사이에 넣
고 끌고 다니던 대막대기도 '죽마'라 했다.

준장　　　　　　　　　　　　准將

군인 계급에서 별 넷을 대장(大將)이라 하고, 별 셋을 중장(中將)이
라 하며, 별 둘을 소장(少將)이라 한다. 별 하나는 '준장(准將)'이다.
'준'은 '버금 준(准)'인데 '準'으로 쓰기도 한다. 장군은 장군인데
버금가는 장군이기에 '준장'인 것이다. 단어 앞에 '准'이나 '準'이

들어가면 한 단계 낮다는 뜻이다.

　　결승보다 한 단계 낮은 경기라 해서 준결승(準決勝)이고 우승보다 한 단계 낮은 성적이라 해서 준우승(準優勝)이다.

중견　　　　　　　　　　　　中堅

어떤 단체나 사회에서 중심이 되어 활동하거나 중요한 구실을 하는 사람을 '중견'이라 하는데 '한가운데 중(中)' '굳을 견(堅)'으로 한가운데에서 굳세게 자리 잡고 있는 사람이라는 뜻이다.

중공업　　　　　　　　　　　重工業

제철, 자동차, 조선, 기계 등 무게가 나가는 물건 만드는 일을 '중공업'이라 하는데, '무거울 중(重)' '만들 공(工)' '일 업(業)'으로 무거운 물건을 만드는 일이라는 뜻이다. 식품, 섬유, 완구처럼 가벼운 물건을 만드는 공업은 '가벼울 경(輕)'의 '경공업'이다. 중화학공업은 중공업과 화학 공업을 아울러 일컫는다.

중과부적　　　　　　　　　　衆寡不敵

적은 숫자의 사람으로 많은 숫자의 사람을 이길 수 없음을 '중과부적'이라 하는데 '많을 중(衆)' '적을 과(寡)' '아니 부(不)' '대적할 적(敵)'으로 많은 수를 적은 수가 대적해 낼 수 없다는 뜻이다.

중언부언　　　　重言復言

이미 했던 말을 자꾸 되풀이하여 말하는 것을 '중언부언'이라 하는데 '겹칠 중(重)' '말할 언(言)' '다시 부(復)' '말할 언(言)'으로 겹쳐서 말하고 다시 말한다는 뜻이다.

중차대　　　　　重且大

"중차대한 문제다.", "이 중차대한 시기에"라고 하는데, '중차대'는 '중요할 중(重)' '또 차(且)' '큰 대(大)'로 중요하고 또 크다는 뜻이다. 중요함을 강조할 때 쓰는 표현이다.

중후　　　　　　重厚

정중하고 무게가 있음, 엄숙하고 깊이가 있음을 '중후하다'라고 하는데 '무거울 중(重)' '두터울 후(厚)'로 말이나 행동이 무게가 있고 두텁다는 뜻이다.

지　　　　　　　之

'之'를 '갈 지'라 하는데 '之'가 '가다(go)'라는 의미로 쓰이지 않는 건 아니지만 '가다'라는 의미로 쓰이는 경우는 거의 없고 관형격 조사 '~의'로 가장 많이 쓰인다. 대명사 '그것'으로 그다음 많이 쓰이고, 주격 조사 '~이'나 목적격 조사 '~을'로도 쓰인다.

　아주 가끔만 동사 '가다(go)'로 쓰일 뿐이다. '之'를 '갈 지'보다는 '어조사 지(之)'로 불러야 옳은 이유다. 인지상정(人之常情)에서는 관형격 조사 '~의'로 쓰였기에 '사람의 보통 감정'이라 해석해야 옳고 애인자인항애지(愛人者人恒愛之)에서는 대명사로 쓰였기에 '다른 사람을 사랑하는 사람은 다른 사람도 항상 그 사람을 사랑한다'로 해석해야 옳다.

천지무궁야(泉之無窮也)에서는 주격 조사로 쓰였기에 '샘물은 다함이 없다'로 해석해야 하고, 솔성지위도(率性之謂道)에서는 목적격 조사로 쓰였기에 '성품을 다스리는 것을 도(道)라 이른다'로 이해해야 한다. 지동지서(之東之西)에서는 '가다'라는 동사로 쓰였다. '동쪽으로 갔다가 서쪽으로 갔다가 한다.'라는 뜻이다.

지갑　　　　　　　　　　　　　　　　紙匣

돈이나 중요한 것들을 보관할 수 있도록 가죽이나 헝겊 등으로 쌈지처럼 만든 자그마한 물건을 '지갑'이라 하는데 '종이 지(紙)' '작은 상자 갑(匣)'으로 종이로 만든 작은 상자라는 뜻이다.

'종이 지(紙)'를 통해서 처음에는 지갑이 종이로만 만들어졌었음을 확인할 수 있다.

지병　　　　　　　　　　　　　　　　持病

오랫동안 잘 낫지 않아 고치기 힘든 병을 '지병'이라 하는데 '가질 지(持)' '병 병(病)'으로 오랜 시간 가지고 있는 병이라는 뜻이다. '숙환'이라고도 하는데 '머무를 숙(宿)' '병 환(患)'으로 몸에서 떠나지 않고 오래 머물러 있는 병이라는 뜻이다.

지상 명령 　　　　　　　至上命令

'지상 명령' '지상 과제'라 한다. '지상'은 '지극할 지(至)' '위 상(上)'으로 '지극히 위에 있는' '가장 높은'이라는 뜻이다. '지상 명령'은 지극히 위에 있는 명령, 절대 복종해야 하는 명령이고, '지상 과제'는 지극히 위에 있는 과제, 반드시 해결해야 하는 과제다.

'외모 지상주의'는 외모를 가장 중요하게 생각하는 사고방식이다.

지천명 　　　　　　　知天命

'알 지(知)' '하늘 천(天)' '명령 명(命)'을 쓴 '지천명'은 하늘의 명령(뜻)을 안다는 뜻이다. 언제부터 하늘의 뜻을 알게 되는 걸까? 사람마다 다르겠지만 공자는 50살을 이야기하였다. 50살이 되어서야 비로소 하늘의 뜻을 알았다고 말한 데서 나온 말이다.

직계 존속 　　　　　　　直系尊屬

친족(親族) 사이의 핏줄이 할아버지, 아버지, 아들, 손자 등으로 곧게 이어지는 계통은 '곧을 직(直)' '이어질 계(系)'의 '직계'고, 큰아버지나 사촌, 팔촌처럼 직계에서 갈라져 나온 계통은 '곁 방(傍)' '이어질 계(系)'의 '방계'다.

부모와 부모 항렬 이상의 친족은, 자신보다 높은 무리라 해서 '높을 존(尊)' '무리 속(屬)'의 '존속'이고, 아들 이하의 항렬에 속하는 친족은, 자기보다 낮은 무리라 해서 '낮을 비(卑)'의 '비속'이다.

진분수 眞分數

'분수'는 '나눌 분(分)' '숫자 수(數)'로 숫자를 나누었다는 뜻이다. 왜 나누었을까? 1보다 작은 수를 나타내기 위해서다. 그래서 1보다 작은 분수는 진짜 분수다. '참 진(眞)'을 써서 '진분수'라 하는 이유다. 1보다 큰 분수는 가짜 분수이기에 '거짓 가(假)'를 써서 '가분수'라 한다. '대분수'의 '대'는 '이을 대(帶)'다. 정수와 분수를 이었다는 뜻이다.

징역 懲役

죄인을 교도소에 가두어 두고 노동시키는 형벌은 '징역'이라 하고, 교도소에 가두어 두기만 하고 노역은 시키지 않는 형벌은 '금고'라 한다.

'징역'은 '혼내줄 징(懲)' '일 시킬 역(役)'으로 혼내기 위하여 일을 시킨다는 뜻이고, '금고'는 '금할 금(禁)' '막을 고(錮)'로 자유롭게 행동하지 못하도록 금하고 밖으로 나가는 것을 막는다는 뜻이다.

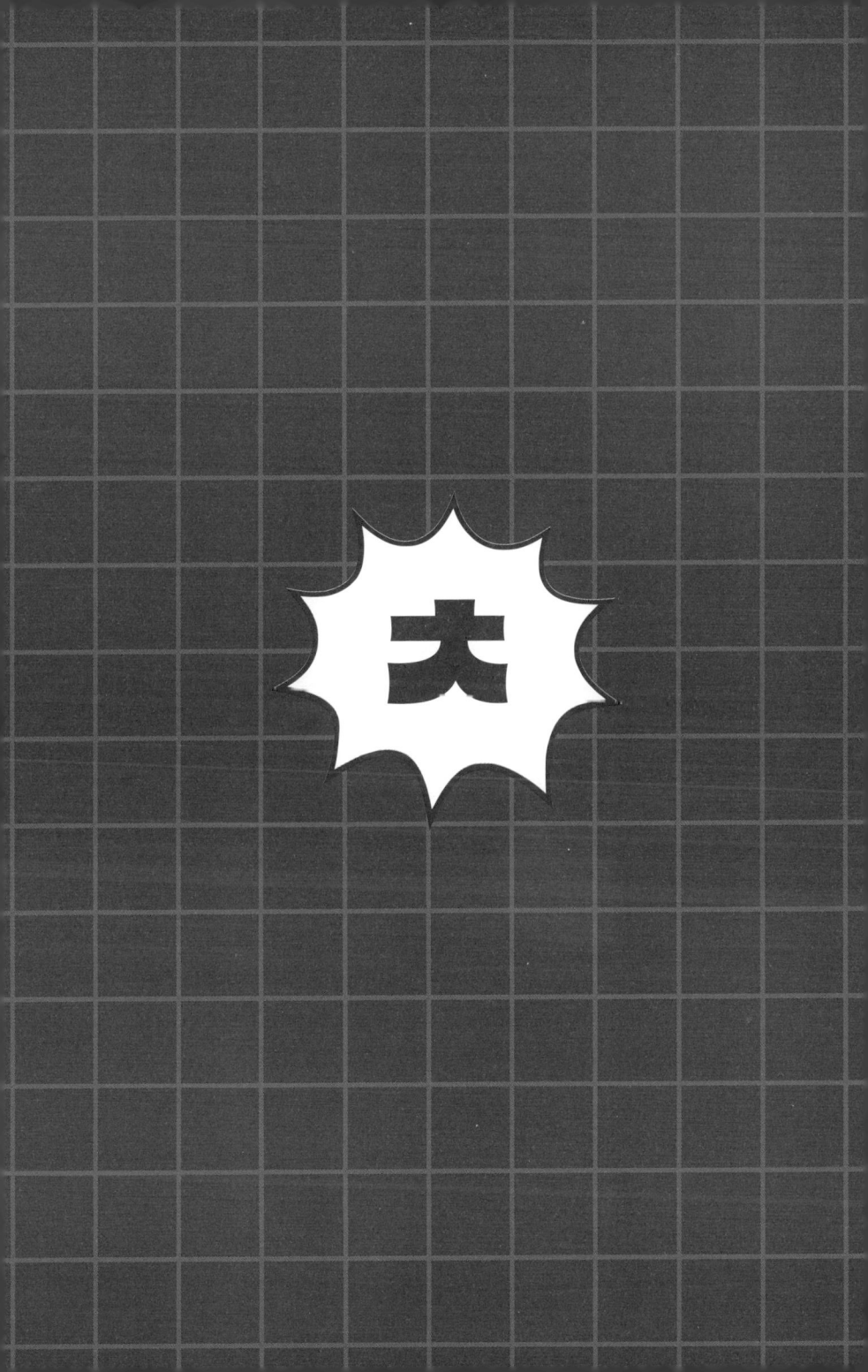

차례 茶禮

명절에 지내는 제사를 '차례'라 하는데 '차 차(茶)' '경의를 표할 례(禮)'로 차를 올리면서 경의를 표하는 일이라는 뜻이다. 차 문화가 보편화된 중국에는 맞는 명칭이지만 차를 올리기보다는 술과 음식을 올리는 우리에게는 맞지 않는 명칭이다.

참모 參謀

윗사람을 도와 어떤 일을 계획하고 실행하는 일에 참여하는 사람을 '참모'라 하는데 '참여할 참(參)' '꾀할 모(謀)'로 일에 참여하여 방향이나 방법을 꾀하는 사람이라는 뜻이다. 상관이나 주도자의 측근에서 활동하는 지략이 뛰어난 사람을 일컫는다.

창의적 創意的

지금까지 없었던 새로운 생각이나 의견을 '창의'라 하고 새로운 생각이나 의견을 가진 것을 '창의적'이라 하는데 '시작할 창(創)' '생각 의(意)'로 생각을 새롭게 시작한다는 뜻이다.

창피 猖披

체면이 깎이거나 떳떳하지 못한 일로 부끄러움, 또는 체면이 깎이는 일이나 아니꼬운 일을 당하는 것을 '창피'라 한다. '미쳐 날뛸 창(猖)' '찢을 피(披)'로, 미쳐 날뛰고 옷이 찢긴 상태라는 뜻이다.

처서   處暑

일 년 중 늦여름 더위가 물러가는 때를 '처서'라 하는데 '처리할 처(處)' '더위 서(暑)'로 더위를 처리해 버린다는 뜻이다. '소서'는 '작을 소(小)' '더위 서(暑)'로 작은 더위가 있는 날이라는 뜻이고, '대서'는 '큰 대(大)' '더위 서(暑)'로 가장 큰 더위가 있는 날이라는 뜻이다.

천사   天使

천국(天國)에서 인간 세계에 파견되어 신과 인간의 중간에서 신의 뜻을 인간에게 전하고 인간의 소원을 신에게 전하는 심부름꾼을 '천사'라 한다. '하느님 천(天)' '사신 사(使)'로 하느님의 사신이라는 뜻이다. 선량하고 어진 사람을 일컫는 말로 많이 쓰인다.

천신만고   千辛萬苦

온갖 어려운 고비를 다 겪으며 심하게 고생함을 '천신만고'라 하는데 '일천 천(千)' '매운맛 신(辛)' '일만 만(萬)' '쓴맛 고(苦)'로 천 번 매운맛을 보고 만 번 쓴맛을 본다는 뜻이다.

천재일우   千載一遇

좀처럼 만나기 어려운 좋은 기회를 '천재일우'라 하는데 '일천 천(千)' '해 재(載)' '하나 일(一)' '만날 우(遇)'로 천 년에 한 번 만난다는 뜻이다.

철면피 鐵面皮

부끄러움을 모르는 뻔뻔스러운 사람을 '철면피'라 하는데 '쇠 철(鐵)' '얼굴 면(面)' '가죽 피(皮)'로 얼굴 가죽이 철(鐵)로 되어 있다는 뜻이다. 부끄러움을 안다면 얼굴 표정에 변화가 있어야 하는데 얼굴 표정에 변화가 없다는 이야기다. '후안무치'라고도 하는데 '두터울 후(厚)' '얼굴 안(顏)' '없을 무(無)' '부끄러울 치(恥)'로 얼굴이 두꺼워서 부끄러움이 없다는 뜻이다. '파렴치'도 같은 의미인데 '깨뜨릴 파(破)' '청렴할 염(廉)' '부끄러울 치(恥)'로 청렴함과 부끄러움을 깨뜨렸다는 뜻이다.

철학 哲學

철학은 '밝을 철(哲)' '학문 학(學)'으로, 사람을 밝게 만들고 총명하게 만드는 학문이라는 뜻이다. 국어사전에는 '인간과 세계에 대한 근본 원리와 삶의 본질 등을 연구하는 학문'이라고 설명하고 있다.

청교도 淸敎徒

16세기 후반, 칼뱅주의를 바탕으로 모든 쾌락을 죄악시하고 사치와 성직자의 권위를 배격하였으며 철저한 금욕주의를 주장하였던 교파를 '청교도'라 하였다. '깨끗할 청(淸)' '교회 교(敎)' '무리 도(徒)'로, 깨끗한 교회를 추구하는 무리라는 뜻이었다.

청문회   聽聞會

'들을 청(聽)' '물을 문(問)' '모임 회(會)'인 줄 알았다. 그런데 아니었다. '들을 청(聽)' '들을 문(聞)' '모임 회(會)'였다. 듣고 물어보는 모임이 아니라 듣고 또 듣는 모임이 청문회(聽聞會)였다. 생각해 보니 당연했다. 질문이 중요한 게 아니라 답변 듣는 일이 중요한 거니까.

청약   請約

'주택 청약' '공모주 청약' '주식 청약'이라 하는데 '청약'은 '요청할 청(請)' '계약할 약(約)'으로 계약하기를 요청한다는 뜻이다. 일정한 계약을 체결하기 위해 신청하는 일이다.

청원 경찰   請願警察

사회의 질서를 유지하고 국민의 안전과 재산을 지키는 임무를 수행하는 직업을 '경찰'이라 하는데, '경계할 경(警)' '살필 찰(察)'로 경계해 주고 살펴 준다는 뜻이다. '청원'은 '요청할 청(請)' '원할 원(願)'으로 어떤 문제가 해결되도록 원하여 청한다는 뜻이다. 그러니까 '청원 경찰'은 어떤 시설이나 기관의 요청을 받아 경계해 주고 살펴 주는 일을 하는 사람이나 직업인 것이다.

초등학교   初等學校

'소학교'였다가 '보통학교'로 바뀌었고 다시 '소학교'였다가 1941년에 '국민학교'로 바뀌었다. 그리고 1996년에 '초등학교'로 바뀌었다. '처음 초(初)' '등급 등(等)'으로 처음 등급의 학교라는 뜻이다.

국민학교를 왜 초등학교로 바꾸어야만 했을까? '국민'이 '국가를 구성하는 사람'이라는 뜻이 아닌 황국 신민(皇國臣民)에서 가져온 '국'과 '민'이기 때문이다. 황국 신민은 '황제 나라(일본)의 신하된 백성'이라는 뜻이다.

초로인생 草露人生

'초로인생'은 '풀 초(草)' '이슬 로(露)'로 풀잎에 맺힌 이슬과 같은 인생이라는 뜻이다. 풀잎에 맺힌 이슬이 순간적으로 사라져 버리는 것처럼 인간의 삶 역시 순식간에 사라져 버린다는 이야기다. 허무하고 덧없는 인생을 이야기할 때 쓰는 표현이다.

초미 焦眉

매우 급한 상황을 '초미'라 하는데 '초미지급'에서 나온 말이다. '초미지급'은 '탈 초(焦)' '눈썹 미(眉)' '어조사 지(之)' '급할 급(急)'으로 눈썹에 불이 붙은 급한 상황이라는 뜻이다.

촌지 寸志

'촌(寸)'은 약 3.03cm를 가리키고 '치'라고도 한다. "세 치 혀를 잘 놀려야 한다.", "한 치 앞도 내다볼 수 없다."가 그것이다. '촌(寸)'은 '조금' '작다'는 의미로 더 많이 쓰이는데 촌각(寸刻), 촌음(寸陰), 촌평(寸評) 등이 그것이다.

'작을 촌(寸)' '마음 지(志)'의 '촌지'는 글자 그대로는 '자그마한 정성을 나타내기 위한 선물'이지만 실제는 잘 보이기 위해서나 특별한 혜택을 받기 위해 뇌물로 주는 금품인 경우가 대부분이다.

촌철살인　　　　　　　　　　　寸鐵殺人

'촌철살인'은 '작을 촌(寸)' '쇠 철(鐵)' '죽일 살(殺)' '사람 인(人)'으로 작은 쇠붙이로도 사람을 죽일 수 있다는 뜻이다. 그런데 이 말은 글자 그대로는 쓰이지 않고 '간단한 말로도 감동케 만들거나 약점을 찌를 수 있다'라는 의미로 쓰인다.

총선　　　　　　　　　　　　　　總選

'총선'은 '국회의원 총선거'의 준말이다. '선거'는 '가릴 선(選)' '들어 올릴 거(舉)'로 가려서 들어 올린다는 뜻이다. '총'은 '모두 총(總)'으로 총무, 총액, 총리, 총학생회, 총장, 총량 등에 쓰인다. '대선'은 대통령 선거(大統領選舉)의 줄임말이다.

축지법　　　　　　　　　　　　縮地法

'오그라들 축(縮)' '땅 지(地)' '방법 법(法)'으로, 땅을 오그라들게 하는 방법이 '축지법'이다. 도술을 써서 땅을 줄어들게 하여 먼 거리를 가깝게 만드는 일이 '축지법'이었던 거다. 땅을 오그라들게 만들면 서울에서 부산까지 한 걸음에도 갈 수 있다.

춘추 春秋

'봄 춘(春)' '가을 추(秋)'의 '춘추'는 봄과 가을을 아울러 일컫는 말인데, 어른의 나이를 높여 일컫는 말로 많이 쓰인다. 봄과 가을이 한 번 지날 때마다 1년이 지나고, 나이를 한 살 더 먹게 되기 때문이다.

출애굽기 出埃及記

구약 성경의 첫 번째는 '창세기', 두 번째는 '출애굽기'인데, '출애굽기'에는 이스라엘 민족이 모세의 인도를 받아, 노예 생활을 하던 이집트에서 탈출하여 시나이산(Sinai 山)에 이르기까지의 일들이 기록되어 있다.

애굽(埃及)은 '이집트'의 한자어 표기이고, '미칠 급'(及)은 발음 편의상 '굽'으로 바뀌었다. '출'은 '떠날 출(出)'이며, '기'는 '기록할 기(記)'다. 이집트에서 떠나온 기록이라는 뜻이다.

충심 衷心

'충성 충(忠)'의 충심(忠心)도 있지만 '속마음 충(衷)'의 충심(衷心)도 있다. '심'은 물론 '마음 심(心)'이다.

"나라를 구하려는 충심에서 의병을 일으켰다."에서는 '충성 충 (忠)'으로 '충성스러운 마음'이라는 뜻이고, "노고에 충심으로 감사 드립니다."에서는 '속마음 충(衷)'으로 '참된 마음'이라는 뜻이다.

치매   癡呆

대뇌 질환으로 인해 지능이 저하된 상태를 '치매'라 하는데 '어리석을 치(癡)' '어리석을 매(呆)'로 어리석어진 상태라는 뜻이다. 기억력 장애, 이해력 저하, 계산 능력 저하 등이 일어나고 같은 말이나 행동을 계속하는 증세를 보이기도 한다.

치부   恥部

남에게 숨기고 싶은 부끄러운 부분을 '치부'라 하는데 '부끄러울 치(恥)' '부분 부(部)'로 부끄러운 부분이라는 뜻이다. 남녀의 생식기가 있는 곳을 일컫기도 한다.

칠순   七旬

'칠순'은 '일곱 칠(七)'에 '십 년 순(旬)'이다. 십 년을 일곱 번 지냈으니 70살인 것이다. 60살을 육순(六旬)이라 하고, 90살을 구순(九旬)이라 한다.

   '처음 초(初)' '열흘 순(旬)'의 초순은 처음 열흘이라는 뜻이고, '가운데 중(中)'의 중순은 11일부터 20일까지, '아래 하(下)'의 하순은 21일부터 말일까지다.

   집안이 가난함을 '삼순구식(三旬九食)'이라 하는데 30일 동안에 아홉 끼만 먹었다는 뜻이다. 우리나라에서 발간된 최초의 신문이 '한성순보'였는데 열흘마다 발행했기에 '열흘 순(旬)' '알릴 보(報)'의 '순보'였다.

칠정 七情

사람이 가지고 있는 일곱 가지 감정을 칠정(七情)이라 하는데, 희로애락애오욕(喜怒哀樂愛惡欲)이 그것이다. '기쁠 희(喜)' '성낼 로(怒)' '슬플 애(哀)' '즐거울 락(樂)' '사랑 애(愛)' '미워할 오(惡)' '욕심 욕(慾)'이다.

칠판 漆板

널빤지에 검정이나 초록색을 칠하여 그 위에 분필로 글씨를 쓰도록 만든 물건을 '칠판'이라 하는데, '칠할 칠(漆)' '널빤지 판(板)'으로 칠을 한 널빤지라는 뜻이다. '검을 흑(黑)'을 써서 '흑판'이라고도 하였는데, 옛날에는 검은색으로 칠한 칠판이 많았기 때문이었다.

침수 浸水

집, 논밭, 도로가 홍수 등으로 물에 잠기는 일을 '침수'라 하는데 '잠길 침(浸)' '물 수(水)'로 물에 잠겼다는 뜻이다. '침수 피해' '침수 가옥' '침수 차량' 등으로 쓰인다.

침엽수 針葉樹

'침엽수'는 '바늘 침(針)' '잎 엽(葉)' '나무 수(樹)'로 잎이 바늘처럼 뾰족한 나무라는 뜻이다. '활엽수'는 '넓을 활(闊)' '잎 엽(葉)' '나무 수(樹)'로 잎이 넓은 나무라는 뜻이다.

타원 · 楕圓

길쭉하게 둥근 원을 '타원'이라 하는데 '길쭉할 타(楕)' '둥글 원(圓)'이다. 원은 원인데 길쭉한 원이라는 뜻이다. 수학에서의 타원은 평면 위의 특정한 두 점에서의 거리의 합(合)이 언제나 일정하게 되는 점의 궤적이다.

탕수육 · 糖水肉

쇠고기나 돼지고기에 녹말을 묻혀 튀긴 것에 초, 간장, 설탕, 채소 등을 넣고 끓인 녹말 물을 부어 만든 음식을 '탕수육'이라 하는데, '설탕 탕(糖)' '물 수(水)' '고기 육(肉)'으로 설탕물에 적셔 먹는 고기라는 뜻이다.

'수육'은 다르다. '삶을 숙(熟)' '고기 육(肉)'으로 삶아서 물기를 뺀 고기라는 뜻이기 때문이다. '숙육' 발음이 힘들어서 '수육'이라 하게 되었다.

태권도 · 跆拳道

손과 발을 사용하여 차기, 지르기, 막기 등의 기술을 구사하는 운동을 '태권도'라 하는데 '밟을 태(跆)' '주먹 권(拳)' '기예 도(道)'로, 발로 밟고 주먹으로 치는 기예라는 뜻이다. 우리나라 고유의 전통 무예를 바탕으로 한 운동이다.

태평양 · 太平洋

유라시아, 아메리카, 오스트레일리아 대륙에 둘러싸여 있고 세계 바다 면적의 반을 차지하는 바다를 '태평양'이라 하는데 '클 태 (太)' '평평할 평(平)' '큰 바다 양(洋)'으로 크고 평평한 바다라는 뜻 이다.

유럽 대륙의 서쪽에 있는 바다라 해서 '대륙 대(大)' '서쪽 서 (西)' '바다 양(洋)'의 대서양이고, 인도(印度)를 둘러싸고 있는 바다 라 해서 인도양이다.

택배   宅配

일정한 요금을 받고 우편물이나 물품 등을 원하는 장소에 직접 배달해 주는 일을 '택배'라 하는데 '집 택(宅)' '배달할 배(配)'로 집 까지 배달해 준다는 뜻이다. '착불'이 있고 '선불'이 있는데 '도착 할 착(着)' '지불할 불(拂)'의 착불은 도착지에서 비용을 지불한다 는 뜻이고, '먼저 선(先)'의 '선불'은 보내는 사람이 먼저 비용을 지 불한다는 뜻이다.

'宅'은 '택'으로도 발음하고 '댁'으로도 발음한다. 건물로서의 집을 의미할 때는 '택'이고 '가정'으로서의 집을 의미할 때는 '댁' 이다. 주택, 저택, 택지, 가택에서는 '집'이라는 뜻이기에 '택'이고, 댁내, 시댁, 사돈댁에서는 '가정'이라는 뜻이기에 '댁'이다.

토론   討論

어떤 문제에 대하여 여러 사람이 자신의 의견을 말하며 논의하는 일을 '토론'이라 하는데 '때릴 토(討)' '말할 론(論)'으로 상대방의 논리를 때리는 말하기라는 뜻이다.

어떤 문제에 대하여 검토하고 협의하는 일을 '토의'라 하는데

'때릴 토(討)' '의논할 의(議)'로 상대방의 논리를 때리면서 좋은 방향을 모색하기 위해 의논하는 말하기라는 뜻이다.

특기　　　　　　　　　　　　　　　　特記

'남이 가지지 못한 특별한 기술이나 기능'도 '특기'고, '특별히 다루어 기록하는 일'도 '특기'다. 앞의 '특기'는 '특별할 특(特)' '재주 기(技)'로 특별한 재주라는 뜻이고, 뒤의 '특기'는 '특별할 특(特)' '기록할 기(記)'로 다른 것과 다르고 다른 사람과 달라서 특별히 기록했다는 뜻이다.

파업　　　　　　　　　　　　　　　　罷業

노동자들이 노동 조건의 개선을 위하여 일제히 작업을 거부함으로써 사업자나 정부에 타격을 주려는 행위를 '파업'이라 한다. '그만둘 파(罷)' '작업 업(業)'으로 지금까지 해 오던 작업을 그만둔다는 뜻이다.

파출소　　　　　　　　　　　　　　　派出所

'물갈래 파(派)' '나갈 출(出)' '관청 소(所)'를 쓴 '파출소'는 물갈래처럼 갈려 나간 관청이라는 뜻이다. 어떤 기관에서 직원을 파견하여 사무를 보게 하는 곳을 일컫는다.

　우리가 자주 만나는 파출소는 경찰 파출소의 준말이다. 경찰서 담당 지역 안에 있는 동(洞)마다 경찰관을 파견하여 경찰 업무를 일차적으로 처리하도록 만든 작은 경찰 관청이다.

판공비   辦公費

공적 업무를 처리하는 데 드는 비용을 '판공비'라 하는데 '힘쓸 판 (辦)' '공적인 일 공(公)' '비용 비(費)'로 공적인 일에 힘쓰기 위해 지출하는 돈이라는 뜻이다.

판사   判事

재판하는 사람, 재판 사무를 담당하며 재판권을 행사하는 공무원을 '판사'라 하는데 '판가름할 판(判)' '사건 사(事)'로 사건의 잘잘못을 판가름하는 사람이라는 뜻이다. '재판'은 '결단할 재(裁)' '판가름할 판(判)'으로 결단하여 판가름 낸다는 뜻이다.

편두통   偏頭痛

처음에는 한쪽 머리가 발작적으로 아프다가 온 머리로 미치며 구토, 귀울림, 권태 증상이 나타나는 질병을 '편두통'이라 하는데 '한쪽 편(偏)' '머리 두(頭)' '아플 통(痛)'으로 처음에는 한쪽 머리만 아프다는 뜻이다.

'치우치다' '기울다' '한쪽'이라는 의미의 '편(偏)'은 공평하지 못하고 한쪽으로 치우친 의견인 편견(偏見), 마음이 한쪽으로 치우쳤다는 편벽(偏僻), 한쪽만 중요하게 여기거나 한쪽으로 치우쳤다는 편중(偏重), 식성에 맞는 음식만 골라 먹는다는 편식(偏食)에도 쓰인다.

포도청 捕盜廳

먹고살기 위해서 차마 못 할 짓까지 하지 않을 수 없을 때 '목구멍이 포도청'이라는 표현을 쓰는데, 목구멍으로 음식을 넘기기 위해서라면 포도청 가는 것도 두려워하지 않는다는 뜻이다. '잡을 포(捕)' '훔칠 도(盜)' '관청 청(廳)'을 쓴 '포도청'은 도둑을 잡는 관청이라는 뜻이다.

포물선 抛物線

물체가 반원 모양을 그리며 날아가는 선을 '포물선'이라 하는데 '던질 포(抛)' '물체 물(物)' '줄 선(線)'으로 물체를 던졌을 때 만들어지는 선이라는 뜻이다.

하던 일을 중도에 그만두어 버리거나 자신의 권리나 자격을 사용하지 않음을 '포기'라 하는데 '던질 포(抛)' '버릴 기(棄)'로 던져서 버린다는 뜻이다.

폭염 暴炎

매우 심하게 더운 상태를 '폭염'이라 하는데 '사나울 폭(暴)' '불탈 염(炎)'으로 사납게 불타는 것과 같은 상태라는 뜻이다. '더울 서(暑)'를 써서 폭서라고도 한다. '염(炎)'은 간염, 관절염, 폐렴, 방광염, 장염에서는 '염증'이라는 뜻이다.

풍비박산 風飛雹散

'풍지박산'으로 잘못 알고 있는 사람이 많은데 '바람 풍(風)' '날 비

(飛)' '우박 박(雹)' '흩어질 산(散)'의 '풍비박산'이다. 바람이 날리고 우박이 흩어진다는 뜻으로, 산산이 부서져서 사방으로 날아가거나 흩어짐을 비유적으로 일컫는 말이다.

피랍   被拉

'피랍'은 '당할 피(被)' '끌어갈 납(拉)'으로 끌어감을 당했다는 뜻이다. '납북'은 '끌어갈 납(拉)' '북한 북(北)'으로 북한으로 억지로 끌어갔다는 뜻이고, '납북 작가(拉北作家)'는 북한으로 끌려간 작가를 일컫는다.

피로연   披露宴

결혼, 회갑언, 출생 등의 기쁜 일을 사람들에게 널리 알리기 위하여 베푸는 잔치를 '피로연'이라 하는데 피로를 푸는 잔치가 아니다. '헤칠 피(披)' '드러낼 로(露)' '잔치 연(宴)'으로 남이 알지 못하는 일(결혼, 회갑, 돌)을 헤쳐 드러내어 알리는 잔치라는 뜻이다.

피서   避暑

시원한 곳으로 옮겨 더위를 피하는 일을 '피서'라 하는데 '피할 피(避)' '더위 서(暑)'로 더위를 피한다는 뜻이다.

임신을 피하는 일은 '아이 밸 임(姙)'의 '피임(避姙)'이고, 일정한 구역 안에서 두 편으로 갈라서 한 개의 공으로 상대편을 맞히는 공놀이는 '공 구(球)'의 '피구(避球)'다. 난리를 피해 다른 곳으로 옮겨 감은 피란(避亂)이고, 벼락의 피해를 막기 위하여 건물의 꼭대기에 세우는 금속 막대는 '피뢰침(避雷針)'이다.

피의자 　　　　　　　　　　　　　被疑者

범죄 혐의는 받고 있으나 아직 공소 제기가 되지 아니한 사람을 '피의자'라 하는데, 당할 피(被) '의심할 의(疑)' '사람 자(者)'로 의심을 당한 사람이라는 뜻이다. 죄가 있는지 없는지는 나중에 따져 보아야 하겠지만 죄가 있을 것으로 의심받는 사람을 가리킨다. '용의자'라고도 하는데, '허용할 용(容)'으로 의심을 허용한 사람이라는 뜻이다.

　피해자(被害者)는 손해를 당한 사람이고, 피살자(被殺者)는 죽임을 당한 사람이며, 피지배자(被支配者)는 지배를 당하는 사람이다. 교육을 당하는 사람은 피교육자(被敎育者)고, 선거를 당하는 사람(출마자)은 피선거권자(被選擧權者)며, 고용을 당한 사람은 피고용자(被雇傭者)다.

하객 　　　　　　　　　　　　　賀客

'하객'을 방문객이라는 뜻으로 이해하는 사람이 많은데, 그냥 찾아온 사람이 아니라 축하할 하(賀) '손님 객(客)'으로 축하해 주기 위해 찾아온 손님이다.

　상점, 은행 등에서 물건을 사거나 서비스를 받는 사람은 '찾아올 고(顧)'의 고객(顧客)이고, 공연이나 전시회 등을 구경하는 사람은 '볼 관(觀)'의 관객(觀客)이며, 비행기, 자동차, 배, 열차 등을 타는 손님은 '탈 승(昇)'의 승객(乘客)이다.

학문　　　　　　　　　　　　　　　　學問

공부를 학문이라고도 한다. '학'은 물론 '배울 학(學)'이다. '문'을 '글월 문(文)'으로 알고 있는 사람이 많은데 '질문할 문(問)' '의심할 문(問)'이다. 그러니까 '학문'은 배우고 질문하는 일, 배우고 의문을 품는 일인 것이다.

한반도　　　　　　　　　　　　　　韓半島

'반절 반(半)' '섬 도(島)'의 '반도'는 반절이 섬이라는 뜻이다. 바다쪽으로 좁고 길게 내민 땅을 말한다. '반도'에 '한국 한(韓)'이 덧붙여진 '한반도'는 한국의 국토를 이루는 반절이 섬인 땅이라는 뜻이다.

한정식　　　　　　　　　　　　　　韓定食

음식의 종류와 가짓수를 미리 정해 놓은 한국식의 음식을 '한정식'이라 하는데 '한'에 '정식'이 더해진 말이다. '한(韓)'은 '한국(韓國)'이라는 뜻이고, '정식'은 '정할 정(定)' '음식 식(食)'으로 식당에서 밥과 반찬을 정해 두고 파는 음식이라는 뜻이다. '한정식'은 한식 식단을 바탕으로 정해진 음식인 거다.

한정 치산자　　　　　　　　　　　　限定治産者

'한정 치산자'는 '한정'에 '치산자'가 더해진 말이다. '한정'은 '한계 한(限)' '정할 정(定)'으로 범위, 수량, 능력의 한계가 정해졌다는 뜻이다. '치산자'는 '다스릴 치(治)' '재산 산(産)' '사람 자(者)'로 재산을 다스릴 수 있는 사람이다. 그러므로 한정 치산자는 재산을 다스리는 능력에 한계가 있다고 판단되는 사람이다. 몸과 마음에 장애가 있거나 낭비가 심하여 가정 법원으로부터 재산의 관리나 처분을 제한하는 선고를 받은 사람인 것이다.

　'금치산자'도 있는데 '금할 금(禁)'이다. 치산(治産)을 아예 못 하도록 한 사람이라는 뜻으로, 자기 행위의 결과를 판단할 능력이 없어서 가정 법원으로부터 자기 재산을 관리하고 처분할 수 없도록 법률적으로 선고받은 사람이다.

할부　　　　　　　　　　　　　割賦

물건값을 한 번에 주지 않고 여러 번 나누어 주도록 한 일을 '할부'라 하는데 '나눌 할(割)' '줄 부(賦)'로 나누어 준다는 뜻이다. 물건값을 한 번에 주는 일은 일시불(一時拂)이다.

해상도　　　　　　　　　　　　解像度

텔레비전이나 컴퓨터, 휴대 전화 등의 화면에 표시되는 영상의 선명한 정도를 '해상도'라 하는데 '분해할 해(解)' '영상 상(像)' '정도 도(度)'로 영상을 분해한 정도라는 뜻이다. 화면에서 그림이나 글씨가 어느 정도 정밀하게 표현되는지를 나타내는 말로 1인치에 들어 있는 픽셀의 수를 말한다. 해상도가 높다는 것은 실물과 구별할 수 없을 정도로 선명한 영상을 볼 수 있다는 뜻이다.

향신료   香辛料

음식에 향기로운 맛이나 매운맛을 더해 주는 조미료를 '향신료'라 하는데 '향기 향(香)' '매울 신(辛)' '재료 료(料)'로 향기를 내거나 매운맛을 더해 주는 재료라는 뜻이다. 고추, 후추, 파, 마늘, 생강, 깨, 겨자 등을 일컫는다.

허기   虛飢

굶어서 배고픈 느낌을 '허기'라 하는데 '빌 허(虛)' '배고플 기(飢)'로 배가 비어 있어서 배고픔을 느낀다는 뜻이다. '빌 공(空)' '배 복(腹)' '느낄 감(感)'을 써서 '공복감'이라고도 한다.

현관   玄關

건물의 주된 출입구, 거실과 연결되는 첫 번째 출입구를 '현관'이라 하는데 '검을 현(玄)' '관문 관(關)'으로 검은 관문이라는 뜻이다. 현관은 다른 곳에 비해 어둡기에 '검을 현(玄)'을 썼고, 드나드는 곳이기에 '관문 관(關)'을 썼다고 이해하면 좋다.

현미   玄米

왕겨만 벗기고 속겨는 벗기지 아니한 쌀을 '현미'라 하고 속겨까지 벗겨 낸 쌀을 '백미'라 한다. '흰 백(白)'을 써서 '백미'라 한 것은 이해할 수 있겠는데 검지 않은 쌀을 '검을 현(玄)'을 써서 '현미'라 한 것은 이해할 수 없다고? 검은 쌀은 아니지만 백미에 비해 상대적으로 검은 쌀이니까 '검을 현(玄)'을 써서 현미(玄米)라 이름 붙인 것 같다.

현상금 懸賞金

모집하거나 구하거나 사람을 찾는 일 등에 상으로 내건 돈을 '현상금'이라 한다. '매달 현(懸)' '상줄 상(賞)' '돈 금(金)'으로 상으로 매달아 놓은 돈이라는 뜻이다.

현안 懸案

이전부터 의논하여 오면서도 아직 해결되지 않은 채 남아 있는 문제를 '현안'이라 하는데 '매달 현(懸)' '안건 안(案)'이다. 해결되지 않아 아직 매달려 있는 안건이라는 뜻이다. 현수막, 현판, 이현령비현령의 '현'도 모두 '매달 현(懸)'이다.

현혹 眩惑

정신을 빼앗겨서 해야 할 일을 잊어버리는 것, 또는 그렇게 되도록 하는 것을 '현혹'이라 하는데 '어지러울 현(眩)' '미혹할 혹(惑)'으로 어지럽게 만들고 미혹한다는 뜻이다.

혐오 嫌惡

'혐오'는 '싫어할 혐(嫌)' '미워할 오(惡)'로 싫어하고 미워한다는 뜻이다. 혐오감을 주는 시설을 혐오 시설이라 하고, 사람들이 꺼리는 식품을 혐오 식품이라 하며, 자기 자신을 싫어하고 미워하는 일을 자기혐오라 한다.

'惡'은 악마(惡魔), 악몽(惡夢), 악취(惡臭), 악순환(惡循環), 악연(惡緣), 악역(惡役), 악담(惡談), 권선징악(勸善懲惡) 등에서는 '악할 악'이지만, 증오(憎惡), 수오지심(羞惡之心), 오한(惡寒) 등에서는 '미워할 오'다.

호두   胡桃

호두과자에 들어가는 고소한 맛의 열매인 호두는 '호도'에서 온 말인데 '호도'는 '청나라 호(胡)' '복숭아 도(桃)'로 청나라에서 들어온 복숭아처럼 생긴 열매라는 뜻이다. '호도'라 했었는데 '호두'라는 발음이 쉬워서 현재는 '호두'가 표준어가 되었다.

'호(胡)'는 '오랑캐 호'라고 불리지만 '청나라'라는 의미로 많이 쓰인다. 호떡, 호밀, 호주머니, 호란, 후추(호추) 등이 그것이다. 청나라에서 왔기에 '호떡'이고, 청나라에서 왔기에 '호밀'이며, 청나라의 의복 양식에서 본뜬 주머니이기에 '호주머니'다. 청나라가 일으킨 난리이기에 '호란(胡亂)'이고, 청나라에서 왔기에 '호초(胡椒)'다. 'ㅗ'보다 'ㅜ' 발음이 쉬워 '후추'라 발음하고 있다.

호우 경보   豪雨警報

줄기차게 내리는 크고 많은 비를 '호우'라 하는데 '왕성할 호(豪)' '비 우(雨)'로 왕성하게 내리는 비라는 뜻이다. '경보'는 '경계할 경(警)' '알릴 보(報)'로 위험이 닥쳐올 것이니 경계해야 한다고 알리는 일이다. 그러므로 '호우 경보'는 많은 비가 내릴 것이 예상되니 경계해야 한다고 알리는 일인 거다. 조금 많은 비 내림이 예상될 때는 '호우주의보'를 내린다.

호황 好況

경기(景氣)가 좋은 상황을 '호황'이라 하는데 '좋을 호(好)' '상황 황(況)'으로 좋은 상황이라는 뜻이다. 수요와 공급이 늘고 투자와 고용 수준이 높아지는 등 전반적인 경제 활동이 활발한 상태를 일컫는다.

화 化

여성이 아닌데 여성처럼 되는 것은 여성화(女性化)고, '민주'가 아니었는데 '민주'가 되는 것이 민주화(民主化)며, 자유가 없었는데 자유가 주어지는 것은 자유화(自由化)다. 세계적 아니었는데 세계적으로 되는 것은 세계화(世界化)고, 기체나 고체가 액체로 되는 것은 액화(液化)며, 기체 아니었던 것이 기체가 되는 것은 기화(氣化)다. 깨끗하지 못했던 것이 깨끗하게 되는 것은 정화(淨化)고. 전설 모음 아닌 게 전설 모음 되면 전설 모음화(前舌母音化), 구개음 아닌 게 구개음 되면 구개음화(口蓋音化)다. 모두 모두 '~될 화(化)'다. 'A화'는 A 아니었던 게 A가 된다는 뜻이다.

화장실 化粧室

화장하는 곳도 아닌데 왜 '화장실'이라 하냐고? 그렇지 않다. 화장실은 화장도 하는 곳이다. 대변 소변보는 일을 많이 하지만, 화장도 한다. '화장'은 '모양이 바뀔 화(化)' '단장할 장(粧)'으로 모양이 바뀌도록 단장하는 일이다.

옛날에는 대변 소변을 처리하는 곳이라 해서 '변 변(便)' '장소 소(所)'를 써서 변소라 했는데, '똥' '오줌'이 연상되는 '변소(便所)'가 거북스러움을 주기에, 화장실에서 화장도 하기에 예쁜 이름인 '화장실'로 바꾼 것이다. 이처럼 대상을 실제보다 아름답게 나타내는 수사법을 미화법(美化法)이라 한다. 사찰에서는 '해우소'라 하는데 무슨 뜻이냐고? '해결할 해(解)' '근심 우(憂)' '장소 소(所)'로 근심을 해결하는 장소라는 뜻이다.

화중지병 畫中之餅

아무리 마음에 들어도 이용할 수 없거나 차지할 수 없음을 '화중지병'이라 하는데, '그림 화(畫)' '가운데 중(中)' '~의 지(之)' '떡 병(餅)'으로 그림 가운데의 떡이라는 뜻이다. 예수님이 떡 다섯 개와 물고기 두 마리로 5천 명을 먹였다는 '오병이어(五餅二魚)'에서의 '병'도 '떡 병(餅)'이다.

화투 花鬪

꽃이나 풀을 그려 넣은 딱지 모양의 놀이 도구를 화투라 하는데, '꽃 화(花)' '싸움 투(鬪)'로 꽃 그림이 그려진 종이로 싸우는 놀이라는 뜻이다. 놀이로 시작하였는데 노름으로 변하는 경우가 많다.

환기 喚起

'환기'는 두 가지 의미로 많이 쓰인다. 탁한 공기를 맑은 공기로 바꾼다는 '바꿀 환(換)' '공기 기(氣)'의 '환기'와, 주의, 여론, 생각 등을 불러일으킨다는 '부를 환(喚)' '일으킬 기(起)'의 '환기'가 그것 이다. "환기를 위해 창문을 활짝 열어라."에서는 환기(換氣)고, "여 론을 환기하기 위해서"에서는 '환기(喚起)'인 거다.

환승   換乘

'환승' '환승역' '환승 주차장'이라고 한다. 다른 노선이나 다른 교 통수단으로 갈아타는 일을 '환승'이라 하는데 '바꿀 환(換)' '탈 승 (乘)'으로 차량을 바꾸어 탄다는 뜻이다. 계절이 바뀌는 시기를 환 절기(換節期)라 하고, 탁한 공기를 맑은 공기로 바꾸는 일을 환기 (換氣)라 한다. 마음이나 행동이 정상적인 상태를 벗어나 제정신이 아닌 듯한 상태로 되는 일을 '환장'이라 하는데, '바꿀 환(換)' '창 자 장(腸)'으로 창자가 바뀌었다는 뜻이다.

환영   歡迎

오는 사람을 기쁜 마음으로 기꺼이 맞이함을 '환영'이라 하는데 '기쁠 환(歡)' '맞이할 영(迎)'으로 기쁘게 맞이한다는 뜻이다. '환호 성(歡呼聲)'은 기뻐서 외치는 소리고, '환대(歡待)'는 기쁘게 맞이해 서 후하게 대접하는 일이며, '환송(歡送)'은 떠나는 사람을 기쁜 마 음으로 보내는 일이다.

활주로   滑走路

헬리콥터를 제외한 비행기는 상당 거리를 달린 후에 이륙하고, 상당 거리를 달린 후에 착륙한다. 비행기가 이륙하거나 착륙할 때 달리는 길을 활주로라 하는데 '미끄러울 활(滑)' '달릴 주(走)' '길 로(路)'로 미끄러지듯 달리는 길이라는 뜻이다.

일이 거침없이 잘되어 나감을 원활(圓滑)이라 하고, 기계의 마찰 부분에 발생하는 열이나 마모를 방지하기 위한 기름을 윤활유(潤滑油)라 하며, 비탈진 곳을 미끄러져 내려가는 일을 활강(滑降)이라 한다.

황반 변성   黃斑變性

황반부의 성질이 변하여 물체를 정확하게 보기 힘들고 물체가 이상하게 보이는 질환을 '황반 변성'이라 하는데, 황반부의 성질이 변하였다는 뜻이다.

'황반'은 '누른빛 황(黃)' '얼룩 반(斑)'으로 누른빛을 띠는 얼룩 점이라는 뜻으로 망막의 중심에 있는 반점이다. 지름 3mm 정도의 타원형으로 물체를 정확하게 볼 수 있게 하는 기능을 한다. '변성'은 '변할 변(變)' '성질 성(性)'으로 성질이 변하였다는 뜻이다.

회식   會食

여러 사람이 모여서 함께 음식 먹는 일을 '회식'이라 하는데, '모일 회(會)' '먹을 식(食)'으로 모여서 함께 먹는다는 뜻이다.

끼니 사이에 먹는 음식은 '사이 간(間)'의 간식(間食)이고, 채소나 과일 등의 식물성 음식물을 위주로 먹는 일은 '나물 채(菜)'의 채식(菜食)이며, 지나치게 많이 먹는 일은 '지나칠 과(過)'의 과식(過食)이다. 점차 조금씩 침입하거나 차지함을 '잠식'이라 하는데 '누에 잠(蠶)'으로 누에가 뽕잎을 먹듯이 조금씩 먹어 들어간다는 뜻이다.

회자 膾炙

말이나 글이 사람들의 칭찬을 받으며 사람들의 입에 자주 오르내림을 '회자된다'라고 한다. '날고기 회(膾)' '구운 고기 자(炙)'로 잘게 썬 날고기와 구운 고기는 누구나 입에 가져가기 좋아하기에 만들어진 말이다.

횡단보도 橫斷步道

사람이 찻길을 가로질러 건너다닐 수 있도록 차도 위에 마련한 길을 '횡단보도'라 한다. '가로지를 횡(橫)' '끊을 단(斷)' '걸음 보(步)' '길 도(道)'로 가로질러 끊어서 걸어가도록 만든 길이라는 뜻이다.

교통 신호를 지키지 않고 거리를 가로질러 가는 일, 횡단보도가 아닌 곳에서 도로를 가로질러 가는 일을 '무단 횡단'이라 하는데 '무단'은 '없을 무(無)' '판단할 단(斷)'으로 판단이 없다는 뜻이다.

횡령 橫領

공금이나 남의 재물을 불법으로 차지하여 가지는 일을 '횡령'이라 하는데 '가로지를 횡(橫)' '차지할 령(領)'으로 가로질러서 제멋대로 차지한다는 뜻이다. 속여서 남의 재물을 빼앗음을 사기횡령(詐欺橫領)이라 하고, 국가나 공공 단체의 운영을 위하여 마련한 자금을 불법으로 가로채어 가지는 일을 공금 횡령(公金橫領)이라 한다.

횡설수설   橫說竪說

조리 없이 말을 함부로 지껄임을 '횡설수설'이라 하는데 '가로 횡 (橫)' '말씀 설(說)' '세로 수(竪)' '말씀 설(說)'로 가로로 말했다가 세 로로 말했다가 한다는 뜻이다.

횡재   橫材

기대치 않게 재물을 얻게 됨을 '횡재'라 하는데, '가로지를 횡(橫)' '재 물 재(財)'로 가로질러(정상적이지 않게) 재물을 얻게 되었다는 뜻이다.

후유증   後遺症

어떤 일을 치르고 난 뒤에 그로 인해서 생기는 부작용, 또는 병을 앓고 난 뒤에 남아 있는 병의 징후를 '후유증'이라 하는데 '뒤 후 (後)' '남아 있을 유(遺)' '증세 증(症)'으로 뒤에 남아 있는 증세라는 뜻이다. 유산 후유증(流産後遺症)은 유산을 한 뒤에 남아 있는 병적 인 증상이고, 명절을 치른 후 그로 인해 겪는 정신적 육체적 부작 용은 명절 후유증(名節後遺症)이다.

희대   稀代

세상에 무척 드문 일을 이야기할 때 '희대'라는 표현을 쓰는데 '드 물 희(稀)' '세상 대(代)'로 세상에 드물다는 뜻이다.

의미심장 한자어

초판 1쇄 인쇄 2026년 1월 13일
초판 1쇄 발행 2026년 1월 20일

지은이 권승호
펴낸이 이범상
펴낸곳 (주)비전비엔피·애플북스

책임편집 박성아
기획편집 차재호 김승희 김혜경 한윤지 단홍빈
디자인 김혜림 이민선 인주영
마케팅 이성호 이병준 문세희 이유빈
전자책 김희정 안상희 김낙기
관리 이다정
인쇄 위프린팅

주소 우) 04034 서울특별시 마포구 잔다리로7길 12 (서교동)
전화 02) 338-2411 | **팩스** 02) 338-2413
홈페이지 www.visionbp.co.kr
인스타그램 https://www.instagram.com/visionbnp
이메일 visionkorea@naver.com
원고투고 editor@visionbp.co.kr

등록번호 제313-2007-000012호

ISBN 979-11-994411-6-3 (43710)